W0171935

AUCH DAS GRAS HAT EIN LIED

AUCH DAS GRAS HAT EIN LIED

INDIANERSTIMMEN DER GEGENWART

Ausgewählt und übertragen von
Käthe Recheis und Georg Bydlinski

Mit Begleittexten der Herausgeber
und Fotos von R. Mandl, K.-H. Raach,
K. Recheis und B. Widder

Herder Freiburg · Basel · Wien

INHALT

Vorwort 5
Auch das Gras hat ein Lied 7
Der Mann aus Washington 29
Wegkarte auf Steinen 45
Miteinander sprechen 65
Visionen und Dollars 77
Quellennachweis 96

(Erstausgabe 1988)
Satz: Layoutsatz Kendlinger
Herstellung: Freiburger Graphische Betriebe 1998
ISBN 3-451-26573-7

VORWORT

„Ich gebe die Hoffnung nicht auf, daß wir alle voneinander lernen werden. Wir müssen es tun. Wir alle gehören zusammen und haben aneinander teil.“

Simon J. Ortiz

Wenn man die Geschichte der indianischen Völker seit der sogenannten „Entdeckung“ Amerikas durch die Europäer betrachtet, wenn man weiß, mit welch großen Schwierigkeiten diese Völker auch noch in der Gegenwart zu kämpfen haben, ist es fast als ein Wunder anzusehen, daß so viele von ihnen bis heute ihre Eigenständigkeit in Kultur und Tradition bewahren konnten.

Waren es früher vor allem militärische Maßnahmen und die versuchte Ausrottung indianischer Lebensweise durch systematische Umerziehung, so sind die Methoden der Unterdrückung heute subtiler geworden, verdeckter, nach außen hin weniger leicht wahrzunehmen. Die in Reservationen abgedrängten Indianervölker verlieren nun oft zum zweiten Mal das Selbstbestimmungsrecht über ihr Land: in den einst als wirtschaftlich bedeutungslos angesehenen Gebieten werden nun für die weiße Zivilisation wertvolle Bodenschätze gefunden. Große Landstriche sind durch den Tagbau zerstört worden, der Uranabbau hat Boden und Wasser verseucht. Die wirtschaftliche Ausbeutung ihres Landes kommt aber nur selten den Indianern selber zugute. Hohe Arbeitslosenraten in den Reservationen sind eher die Regel als die Ausnahme. Viele Indianer haben resigniert, sind zu Alkoholikern geworden.

Auf der anderen Seite steht in den letzten drei Jahrzehnten ein erstaunlicher Aufbruch; ein neues Selbstbe-

wußtsein ist erwacht, eine Bewegung, die ihre Kraft aus der jahrhundertealten Überlieferung schöpft, ohne deswegen an den Nöten und Notwendigkeiten der Gegenwart vorbeizusehen. Der Verlust der Identität, des Selbstvertrauens und der Hoffnung wird durch Rückbesinnung auf die eigenen Traditionen und Lebensformen bekämpft. Alte Werte, oft von „Medizinmännern" und Weisen über Generationen bewahrt, werden wieder entdeckt, erhalten ihren neuen, alten Stellenwert. Die Beziehung zur Natur, die sich in Respekt und Partnerschaft äußert, ist immer eine wesentliche Grundlage indianischen Lebens gewesen.

Es wäre jedoch falsch und gar nicht in ihrem Sinne, die Indianer nun zu idealisieren, als „edle Wilde", wie es früher oft geschah, oder zeitgemäßer als „ökologische Heilige". Viele der Gedichte und Texte dieses Bandes sind durchaus selbstkritisch und zeigen, daß Indianer Menschen sind, die wir – mit ihren Vorzügen, mit ihren Schwächen – anerkennen und ernst nehmen müssen.

Lernen wir voneinander. Lassen wir uns bereichern von den Gedanken und Weisheiten der Indianer Nordamerikas. Vielleicht führt uns dies auch dazu, unsere Stellung zu anderen Völkern und zu den ethnischen Gruppen und Minderheiten im eigenen Land zu überprüfen, sie in ihrer Eigenständigkeit und ihrem kulturellen Wert respektieren und schätzen zu lernen. Gelingt uns dieser kulturelle Austausch nicht, sagt Louis W. Ballard, so trifft der Verlust die ganze Gesellschaft – uns alle.

Käthe Recheis, Georg Bydlinski

AUCH DAS GRAS HAT EIN LIED

Dieser Text ist ein Ausschnitt aus der Rede, die Oren Lyons 1977 in Genf vor der UNO gehalten hat. Die Forderung, die verlorengegangene „Gleichberechtigung" von Natur und Mensch wiederherzustellen, entspricht und entspringt jahrhundertealtem indianischem Denken. Was wir uns heute aufgrund moderner ökologischer Erkenntnisse erst langsam wieder aneignen, war den traditionell lebenden Indianern immer schon das Fundament, auf dem sie ihr Leben aufbauten.
Oren Lyons gehört zum Volk der Onondaga, einer der sechs Nationen des Irokesenbundes. Er ist „Faithkeeper" seines Volkes und Mitglied des „Elders' Circle", eines Zusammenschlusses traditioneller indianischer Führer über die Stammesgrenzen hinweg.

ICH SEHE KEINE DELEGATION, die für die Vierbeiner spricht. Ich sehe keinen Abgeordneten für die Adler. Auch wenn wir es vergessen haben und uns für überlegen halten: wir sind doch nur ein Teil dieser Schöpfung. Und wir müssen lernen, wo unser Platz ist – irgendwo zwischen dem Berg und der Ameise, irgendwo und nur dort als wichtiger Bestandteil der Schöpfung.

Oren Lyons

WER WIRD DAS WORT ERGREIFEN?

für Oren Lyons, 1978

Wenn alle Tiere von den Hügeln kämen,
wenn alle Fische aus den Flüssen kämen
und die Vögel vom Himmel herabkämen,
würden wir erkennen,
wie klein unser Leben ist,
irgendwo zwischen dem Berg
und der Ameise.
Wir würden begreifen,
woran wir achtlos vorbeigehen,
und würden zurückkehren
die Erdkrümmung entlang.

Ich weiß, wie Wasser strömt
und die Luft und der Wind,
die mit ihren unsichtbaren Händen
die Bäume formen,
bis sie gebeugten Greisen gleichen –
dann nur noch Leere,
eine Sehnsucht, die vergeht.

Diese Trauer sagt mir:
Wer wird seine Stimme erheben,
um für die Tiere zu sprechen?
Wer wird Heimstätten bauen
aus ihren sprachlosen Worten?

Linda Hogan, von Chickasaw- und weißer Abstammung, wurde 1947 in Denver geboren. Sie ist in Oklahoma aufgewachsen, dem Land, in das die Chickasaw aus ihren ursprünglichen Stammesgebieten im Südosten zwangsübersiedelt worden waren. Nach Abschluß des Studiums an der Universität von Colorado führte ihre Lehrtätigkeit (u.a. über indianische Literatur) die Autorin in viele Staaten der USA. Linda Hogan veröffentlichte Lyrik und Prosa.

Da ist der Mund eines Mannes,
seine Zunge,
verschwistert dem Gras und dem Licht
und den vierbeinigen Geschöpfen.
Er spricht von einem neuen Morgen.
Er gibt den kleinen Tieren eine Stimme.
Er gibt den Adlern das Mitspracherecht.
Er spricht für die Fische.
Das Licht der Schöpfung erstrahlt.

Licht.
Helleuchtend.
Die Welt beginnt neu.

Ich will diesen Zauber nicht brechen.
Ich will, daß diese Worte ihre Kraft bewahren.
Ich will diesen Zauber nicht brechen.

Linda Hogan

Ein Literaturkritiker hat N. Scott Momadays Werk einmal als die „umfassendste und beste künstlerische Darstellung der indianischen Kultur“ bezeichnet, die bisher vorliegt. Die Spannweite von Momadays Lebenserfahrungen ist groß, sie reicht von den Reservationen des Südwestens, wo er seine Kindheit verbrachte, bis in den akademischen Bereich. Momaday, 1934 in Oklahoma geboren, ist der heute wohl bekannteste indianische Autor. Er hat sich als Lyriker, Essayist, Romanschriftsteller (Pulitzerpreis für „House Made of Dawn“) und Universitätsprofessor für Literatur einen Namen gemacht.

ICH ERINNERE MICH DARAN, wie ich einmal, im Spätfrühling, auf das große nördliche Grasland hinauskam. Wiesen, blau und gelb von wilden Blumen, bedeckten die Hänge, und unter mir sah ich die stille, sonnenhelle Ebene, die sich ins Endlose verlor. Zunächst nimmt das Auge keine Einzelheiten wahr, nur das Land selbst als undurchdringliches Ganzes. Dann aber treten allmählich kleinste Formen hervor – Tierherden und Flüsse und Baumgruppen –, und jede davon ist vollkommen, was die Entfernung betrifft, die Stille, die Zeit. Ja, dachte ich, jetzt sehe ich die Erde, wie sie wirklich ist; nie mehr werde ich etwas betrachten wie noch gestern oder am Tag zuvor.

N. Scott Momaday

Die beiden hier abgedruckten Texte von N. Scott Momaday stammen aus seinem Buch „The Way to Rainy Mountain“. In diesem Buch befaßt sich der Autor mit der großen Wanderung seiner Kiowa-Vorfahren aus dem nördlichen Montana in die südlichen „Great Plains“ – einer Wanderung, die für die Kiowa nicht nur geographisch bedeutsam war, sondern in deren Verlauf sie auch religiöse und kulturelle Traditionen anderer Völker übernahmen.

AN SOMMERNACHMITTAGEN badete ich im Washita-Fluß. Die Strömung war schwach, und das warme, braune Wasser schien stillzustehen. Es war ein verborgener Platz. Dort im tiefen Schatten, umschlossen vom dichten, überhängenden Ufergewächs, wie gebannt von den Flügeln einer Libelle oder der schnellen Bewegung eines Wasserläufers, war es unmöglich, sich das weite offene Land vorzustellen, das jenseits davon lag. Aber es war da, nur einen Steinwurf entfernt. Einmal, vom Ast eines Baumes aus, sah ich mich selbst im braunen Wasser; dann sprang ein Frosch vom Ufer hinein und zerbrach mein Spiegelbild.

N. Scott Momaday

KRÖTEN OHNE ZAHL

nachts kommen kröten ohne zahl
sie hüpfen springen durch mein lager
ich folge ihnen zu ihrem gewässer

sie schwimmen alle im wasser
sie legen ihren schimmernden laich
sie singen versteckt im hohen gras

der fisch kommt und frißt ihren laich
der waschbär sucht sie im gras
sie sterben in der nacht

so ist es jeden frühling
die kröten durchwandern den großen wald
um beim wasser zu sterben

jetzt ist es sommer
ich gehe ans wasser
überall hüpfen winzige kröten.

Norman H. Russell

Norman H. Russell, Biologe, 1921 geboren, hat an verschiedenen Colleges und Universitäten gelehrt. Seine indianischen Vorfahren waren Cherokee. In seinen Gedichten unternimmt er den Versuch, das Leben der Ureinwohner Nordamerikas und ihrer Umwelt vor dem Kommen der Weißen bildhaft wiederzuerwecken.

Norman H. Russell hat mehr als ein Dutzend Bücher in seinem Fachbereich Botanik und zahlreiche Lyrikbände publiziert, deren Texte den vielfältigen Erscheinungsformen in der Natur nachspüren.

DREI PFERDE

im morgennebel auf der wiese
der federleicht über das gras schwebt
und langsam kreist wie träges wasser
heben drei pferde ihre köpfe und beobachten mich
wie ich unter den dunklen bäumen gehe
und ihr atem steigt auf wie dampf
und ihre mäuler zucken ganz leicht
und ihr rückenfell sträubt sich
und die sehnen ihrer beine sind angespannt
und sie nehmen einander wahr
ohne blicke auszutauschen

von baum zu baum gehe ich rund um die wiese
langsam wenden sie ihre köpfe schauen mir nach
und erst wenn ich fort bin
einen dunklen pfad hinunter
und an drei pferde denke die im nebel frieren
werden sie ihre köpfe senken
ihre schwarzen mähnen schütteln
die schlanken kniegelenke beugen
mit den hufen scharren leise schnauben
und weitergrasen.

Norman H. Russell

Anita Endrezze-Danielson, Jahrgang 1952, lebt mit ihrem Mann und ihrem Sohn in den Wäldern nördlich von Spokane im Bundesstaat Washington, in einem selbstgebauten Holzhaus. Zu ihren Vorfahren gehören Yaqui-Indianer (ein Stamm aus dem Südwesten der USA und dem nördlichen Mexiko) und Europäer. Gedichte von ihr erschienen in eigenen Bänden, in Literaturzeitschriften und Anthologien. Ihre Vorliebe gilt einer stark bildhaften Lyrik; oft sind es Metaphern, die sich auf die Natur beziehen, in welcher die Autorin, wie sie schreibt, buchstäblich „eingebettet" lebt.

WARUM EIN STEIN NICHT VON SELBER SINGT

Auf ihm gründen alle anderen Lieder.

Wenn du einen blauen Stein an dein Ohr hältst,
hörst du den uralten Fluß,
dessen Herz er einst war,
den heißen Wind, dem er als Zunge diente,
und die Erde, die ihm einen Feuermund versprach.

Ein gefleckter Stein stammt aus dem Traum
eines galoppierenden Appaloosa-Schecken.
Die Herde singt die Lieder ihrer Graszeremonie,
und die Traumsteine fliegen von ihren Hufen auf
in den gesprenkelten Himmel.

Ein schwarzer Stein hat die Seele
des Bären eingefangen
in seinem letzten Schlaf. Sein Lied umkreist
den Stein, verleiht ihm eine Illusion
von Pelz.

Alle gelben Steine hüten die Geheimnisse der Eulen.
Alle grünen Steine sind der Atem von Pflanzen,
die nachts vor Freude singen.

Ein roter faustgroßer Stein ist die Liebe
zwischen Mann und Frau, der Einklang ihrer Körper
im Gras.

Ein grauer Stein ist von Natur aus traurig.
Er ist ein Wort aus der Sprache, die den Toten gehört.
Behalte ihn. Eines Tages wirst du ihn verstehen.

Anita Endrezze-Danielson

IM KALTEN LICHT DES STURMES

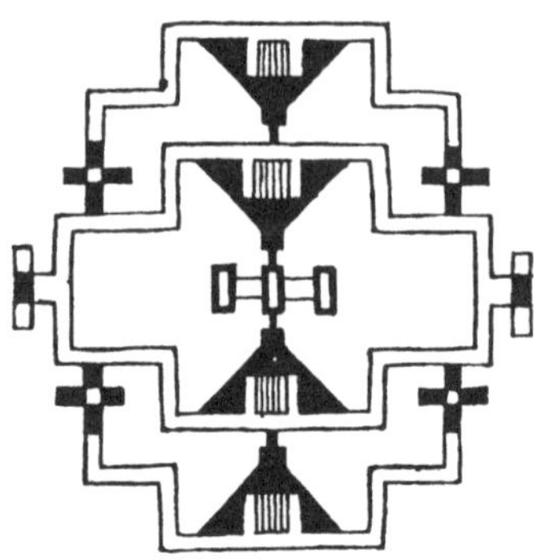

Im kalten Licht des Sturmes
betrachte ich den Sandsteinrand
des Canyons.

Der Wind ist feucht
vom Duft der Piniennuß.
Der Wind ist kalt
er rauscht im Wacholder.
Und dann kommen sie
aus dem dichten Eishimmel
in schnellem Lauf
hufetrommelnd
über die Baumwipfel tobend
kommen die Schneehirsche
näher und näher
ein weißes Lied
Sturmwind in den Zweigen.
Und als die Hirsche vorüber sind
folgt ihnen
ein Troß kristallener Schneeflocken
Strähnen aus Nebel
die sich in Felsen
und Zweigen verfangen.

Leslie Marmon Silko

HOLZHACKEN AUF ROBBIE UND LESA MCMURTRYS FARM BEI MORRIS, OKLAHOMA

ein graureiher fliegt vorbei
seine flügel verbinden sich
mit dem winternackten astwerk der bäume
an diesem morgen hacke ich holz
mit der axt meines bruders
prüfe die maserung eines rotulmenscheits
spalte es mit einem einzigen schlag
der laut schwingt über einen kleinen wassertümpel
verhallt im kreis rings um mich
später als ich das holz aufstaple
und harzgeruch die luft erfüllt
führe ich ein kleines eichenstück zum mund
den süßen trockenen holzkern kauend
wende ich mich nach osten
im morgendunst dieses neuen tages
und bitte den wind mir etwas zu schenken
etwas heiteres und helles
das ich mitnehmen
und zurücklassen möchte

Lance Henson

Lance Henson, 1944 geboren, hat als offizieller Gesandter seines Volkes, der Southern Cheyenne, viele europäische Staaten besucht. Über seine Lyrik sagt er: „Gedichte sind kondensierte Geschichten. Durch das Umsetzen in Bilder behalten wir im Gedächtnis, wer wir sind.“ Sich am Morgen nach Osten wenden: die Kraft der lebenspendenden Sonne anerkennen.

Joseph Bruchac, von indianischer (Abenaki) und slowakischer Abstammung, wurde 1942 im Staat New York geboren. Er lebt mit seiner Familie in Greenfield Center nahe den Adirondack Mountains. Bruchac lehrte drei Jahre in Ghana. Gemeinsam mit seiner Frau Carol hat er einen äußerst aktiven kleinen Verlag gegründet, der sich unter anderem der Arbeiten zeitgenössischer indianischer Autoren annimmt. 1983 erschien die umfangreiche und repräsentative Lyriksammlung „Songs from This Earth on Turtle's Back". Als Autor ist Joseph Bruchac Lyriker, Erzähler, Übersetzer, Essayist und Sammler von „folktales" der Abenaki und Irokesen. Für seine Arbeit wurde er mehrfach ausgezeichnet.

BOTSCHAFTEN

Es hat ein wenig geschneit,
erstmals in diesem Jahr,
und auf der Wiese,
wo wir noch vor kurzem
durch raschelnde
dürre hohe Gräser gingen,
können wir die Botschaften
kleiner Geschöpfe lesen,
die wir selten zu Gesicht bekommen.

Diese Spur hier erzählt
vom Getrippel der Feldmaus,
zwischen winzigen Pfoten
zog sie den Schwanz nach,
bevor sie im sicheren
Fluchtweg verschwand,
unter einem Kristalldach aus Schnee,
zwischen steifgefrorenen
Weidegrashalmen hindurch.
Sieh, wie die Schwingen der Eule
die Gestalt eines Engels
in die Schneewehe zeichneten,
als sie zupacken wollte
und sich dann wieder erhob,
mit leeren Fängen zurückflog
in die Stille.

Und hier, wo der Bach
die Wiese überflutete
und dann zufror, schau
wie die Kaninchenspuren,
doppelten Ausrufungszeichen gleich,
Kreise gezogen haben,
immer und immer wieder.
Vielleicht werden die Kaninchen heute nacht
in deinen Träumen spielen,
wie sie es gestern abend taten,
im fallenden Schnee
unter dem Mond des Großen Geistes.

Joseph Bruchac

JEDES TAL und jede andere Landschaftsform – eine Wiese, eine Bucht, ein Wäldchen, ein Hügel – besitzt eine eigene Stimmung, in der sich die Wesensart des Ortes widerspiegelt. Wie auch immer die Stimmung sein mag, glücklich, friedvoll, unruhig oder düster, sie ist Ausdruck der Seele jener Landschaft. Ein Beweis dafür: Wenn man in einem Tal das Pflanzenleben verändert, wenn man Pflanzen, die dort wachsen, zerstört oder entfernt, wird die Atmosphäre dieses Tales nie mehr so sein wie zuvor.

Basil Johnston

Der Abschnitt stammt aus dem Buch „Ojibway Heritage", das unter dem Titel „Und Manitu erschuf die Welt" auch ins Deutsche übersetzt wurde. Basil Johnston, Dozent für Ethnologie und Schriftsteller, ist selber ein Ojibway und hat sich auf Geschichte, Sprache und Mythologie seines Volkes spezialisiert. Er lebt in Ontario (Kanada).

Rokwaho (Daniel Thompson, geb. 1953 in Akwesasne) ist Dichter, Maler, Bildhauer und Linguist. Die Traditionen seines Volkes, der Mohawk, sind in vielfältiger Weise in seine Texte eingeflossen. Das Licht, die Sonne stellt ein zentrales Symbol der Schöpfung dar.
Athó: der Geist des Winters.

BERNSTEINGELB DER HIMMEL

noch blind vom schlaf
öffnet der morgen sein auge
es flammt auf und glüht
steigt höher, wirft lange schatten
schroffes, arktisches weiß
kalte felsenberge

dunst überzieht die insel
von küste zu küste, bedeckt
das eis, dehnt sich meilenweit aus
verstärkt die kälte
läutert die lungen

athó kam während
ich schlief und ritzte sein kunstwerk
ans fensterglas

ein rätsel für mich
warum er eine jahreszeit wählte

mit farnen & blumen & schmetterlingen

Rokwaho

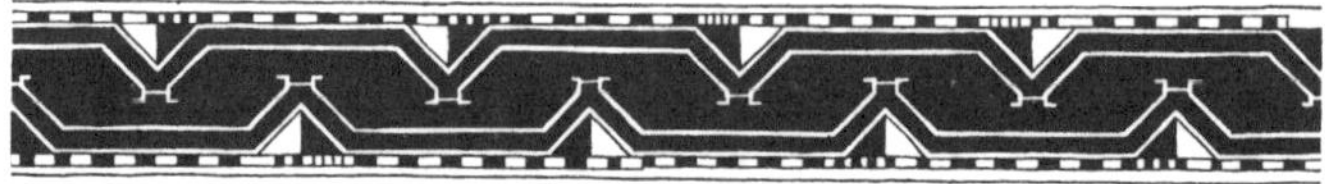

DER SCHNEE MACHT DEN WIND SICHTBAR

der schnee macht den wind sichtbar schau nur genau
du kannst die umrisse seines körpers sehen
die arme des windes die beine des windes
die schwirrenden flügel des windes
das gesicht des windes die großen augen des windes
der schnee macht die stimme des windes sichtbar
der wind flüstert und der wind heult
der wind sagt dir geheimnisse ins ohr
der schnee macht die gedanken des windes sichtbar
der wind ist immer irgendwohin unterwegs
horch
er wird dir sagen wo er daheim ist.

Norman H. Russell

Norman H. Russell über sich selbst: „Der indianische Teil meiner Person ist stärker als der europäische. Er verleiht mir Freude und Stolz und vor allem eine Art von Weisheit, wie ich sie in Städten, Büchern, Universitäten oder der europäischen und amerikanischen Geschichtsschreibung nicht finden konnte." Dies zeigt sich auch in der Einfachheit von Russells Gedichten, der Genauigkeit seiner Beobachtungen, wobei der Autor stets im Hintergrund bleibt, unaufdringlich, aber immer als Teil eines umfassenden Ganzen, dessen heutige Bedrohung dem Ökologen Russell sehr wohl bewußt ist.

GRASHALME

ich glaube es gibt nichts schöneres als das gras
es ist grün & es ist weich
so weich daß es sich beugt wenn du darübergehst
& hinter dir richtet es sich wieder auf
es ist so stark
die kühe fressen es & die schafe
& es wächst weiter
wenn sie später zurückkommen
ist es schon wieder da
& es ist überall
im schatten & in der sonne
& es gibt so viele arten
kurze gräser
und hohe
& es braucht nicht lang um zu sprießen
& deckt verlassene äcker zu
& macht die schroffen felsen sanft
gras ist ein gutes versteck für kleine tiere
gras ist ein guter ruheplatz wenn du müde bist
gras ist für die kühe die rehe für dich & mich
gras ist eines der schönsten geschenke gottes
für uns alle.

Norman H. Russell

SOMMERNACHT UND EIN
Duft, gefiltert vom Morgentau –
der Wüstenjasmin!

William Oandasan

DER LIEDMACHER

Lieder und Gedichte sind im indianischen Leben stets mehr gewesen als eine bloße „Verschönerung“ des Alltags, sie haben praktische und zeremonielle Bedeutung, die das ganze Leben durchwirkt. Vor diesem Hintergrund muß auch die gegenwärtige indianische Literatur gesehen werden, die derzeit einen großen Aufschwung erlebt. Auch wenn heute fast alle indianischen Texte auf Englisch abgefaßt werden und aktuelle Bezüge aufweisen, fühlen sich ihre Autoren den Lebenstraditionen ihrer Völker verbunden.
Pinto: eine scheckige Pferderasse.

Auf der Hauptstraße, vor der Union Gospel Mission,
sitzt ein Betrunkener, ganz in sich zusammengesunken.
Er träumt von scheckigen Pintos in den Farben von Wein und Eis,
und von Trommeln, die die Namen des Windes
rufen. Das Haar verbirgt sein Gesicht,
doch ich glaube, ich weiß, wer er ist.

Machte er nicht Lieder, die die Menschen noch
immer nachts im Schlaf singen?
Baten ihn nicht die Kojoten um neue Gesänge,
die sie dem Mond schenken wollten?
Tanzte er einst nicht die ganze Nacht und lachte,
als in der Morgendämmerung
die Frauen sich plötzlich scheu abwandten?
Machte er nicht ein Lied nur für mich,
geheiligt dadurch, daß er es nur einmal sang?

Wenn er den Kopf heben würde,
könnte ich seine Augen sehen, könnte sehen,
ob er auch jetzt singt –
ein Lied, das an die Seele greift.
Aber er ist ganz zusammengekrümmt,
und alle gehen an ihm vorbei.
Er muß noch immer einen starken Zauber besitzen,
um so unsichtbar zu sein.

Ich erinnere mich, wie er sagte:
Auch das Gras hat ein Lied,
wenn auch nur der Wind es hört.

Anita Endrezze-Danielson

Robert J. Conley ist ein Cherokee aus Oklahoma, er gehört jenem Volk an, das gemeinsam mit den Chickasaw, Creek, Choctaw und Seminolen die sogenannten „Five Civilized Tribes" bildete. 1822 entwickelte Sequoyah, ein Cherokee, das erste indianische Alphabet; 1828 erschien der „Cherokee Phoenix", die erste indianische Zeitung. Wenige Jahre später wurden die Cherokee wie die anderen vier Völker ihres Landes beraubt und mußten den „Weg der Tränen" nach Oklahoma antreten. Nur ein paar hundert Cherokee entgingen, versteckt in den Bergen, der Zwangsdeportation; ihre Nachkommen leben heute in einer kleinen Reservation in North Carolina. Conley verwendet das Cherokee-Alphabet in seinem zweisprachigen Gedichtband „The Rattlesnake Band and Other Poems", dem der abgedruckte Text entnommen ist. Er ist auch Kurzgeschichten-, Roman- und Drehbuchautor.

UNTER EINEM ABGESTORBENEN BAUM

draußen in den Wäldern
wo der Blitz einschlug
fand ich ein Holzstück
schwarzverkohlt
und aus dem toten
schwarzen Holz
sprossen drei Grashalme
leuchtendgrün

Robert J. Conley

DER MANN AUS WASHINGTON

Der Cherokee/Chickasaw Geary Hobson wurde 1941 in Arkansas geboren; er war Marinesoldat und wurde später in der Friedensbewegung tätig. Von 1976 bis 1978 war er „Director of Native American Studies“ an der Universität von New Mexico. Hobson verfaßt Kurzgeschichten, kritische Essays und Gedichte und ist der Herausgeber von „The Remembered Earth“, einem umfassenden Sammelwerk zeitgenössischer indianischer Literatur.

WENN MAN ZURÜCKBLICKT auf die Geschichte Amerikas, findet man die Seiten im Buch der Nation – oder die Gräber in ihrem Friedhof – bedeckt mit den Namen lange verschwundener Stämme: Narragansett, Wampanoag, Nipmuc, Huron, Cayuga, Ofo, Biloxi, Yazoo, Natchez, Chakchiuma, Yuchi und vielen anderen. Wenn auch die Zahl der Stämme und Menschen, die während der europäischen Expansion auf dem Kontinent zugrunde gingen, erschütternd ist, so ist das wahrhaft Erstaunliche nicht die Frage, wieviele Völker und Kulturen ausgelöscht wurden, und mit welchen Mitteln dies geschah, sondern wie groß die Zahl derer ist, die heute noch da sind, und wieviel von ihren traditionellen Anschauungen und Werten sie erhalten konnten.

Geary Hobson

Die Lyrikerin, Erzählerin, Essayistin und Filmemacherin Leslie Marmon Silko gilt als eine der herausragenden Autorinnen ihrer Generation. 1948 in Albuquerque, New Mexico, geboren, wuchs sie in der Laguna Pueblo Reservation auf. Sie studierte an der Universität von New Mexico und hat zwei Jahre im Land der Navajo unterrichtet. Die Suche nach der eigenen Identität (Silko ist von Laguna-, mexikanischer und weißer Abstammung) bezeichnet sie als die Wurzel ihres Schreibens.

DIE WEISSEN AMERIKANER sind bestenfalls Gäste auf diesem Kontinent; man könnte aber auch sagen, daß die Vereinigten Staaten von Amerika auf gestohlenem Land errichtet sind.

Leslie Marmon Silko

ES MAG SEIN, DASS WIR MIT DEM LAND zufrieden waren, das uns ursprünglich zugewiesen wurde. Aber im Lauf der Jahre haben uns die Regierungen Kanadas und der USA nach und nach immer mehr davon gestohlen. Im neunzehnten Jahrhundert stahl man uns das Land aus wirtschaftlichen Gründen, denn es war reich und fruchtbar und gab Nahrung im Überfluß. Man ließ uns nur jene Gebiete, die in den Augen der Weißen keinen Wert besaßen.

Heute ist das einst als wertlos bezeichnete Land durch die fortschreitende Technologie der weißen Zivilisation mit einemmal nützlich und kostbar geworden. Die Weißen würden uns nun am liebsten aus den Reservationen verdrängen, denn dieses unfruchtbare Land birgt wertvolle Mineralien und Ölvorkommen. Es ist nicht das erste Mal, daß die weiße Zivilisation nicht-weiße Völker bestiehlt. Gelingt dies den Weißen, nennen sie es Kolonisierung. Leistet ein Volk den Kolonisierungsversuchen Widerstand, sprechen sie von Krieg. Doch wenn wir, die bereits kolonisierten Indianer Nordamerikas, gemeinsam aufstehen und uns wehren, nennt man uns Kriminelle. Was könnte deutlicher zeigen, welch eine Farce es ist, uns als Verbrecher zu behandeln? Wir sind eine indianische Nation; die Regierungen Kanadas und der Vereinigten Staaten und die herrschende weiße Zivilisation, die sie vertreten, führen seit über vierhundert Jahren Krieg gegen unser Volk, unsere Kultur und Religion und gegen die heilige Mutter Erde.

Leonard Peltier

Aufgrund fragwürdiger Zeugenaussagen und gefälschter Beweisdokumente ist Leonard Peltier (Sioux/Chippewa) seit 1977 in Haft; der Schuldspruch lautet auf zweimal lebenslänglich. Im Jahr 1975 waren bei einem Schußwechsel auf der Pine Ridge Reservation in Süddakota zwei FBI-Agenten und ein Indianer getötet worden. Während der Tod des Indianers in keiner Weise untersucht wurde, klagte man vier angeblich am Tatort befindliche Vertreter des „American Indian Movement" der Beihilfe und Anstiftung zum Mord an. Zwei von ihnen wurden freigesprochen, das Verfahren gegen den dritten wurde eingestellt, da sich herausstellte, daß er beim Schußwechsel gar nicht anwesend gewesen war. Leonard Peltier, der vierte Angeklagte, wurde verurteilt, obwohl kein Beweis seiner Schuld vorliegt.

Der Rahmen des Gedichts signalisiert bereits den Spannungsbogen des Textes: Die amtlichen Schilder am Straßenrand, die dort „Geschichtsunterricht erteilen" sollen, sind alt und verblichen, während die indianische Geschichte, die keine solchen Schilder benötigt, niemals veralten wird.
Die Cayuga gehörten zum Staatenbund der Irokesen, ihr Gebiet lag im heutigen Staat New York. Im amerikanischen Unabhängigkeitskrieg wurde ein Teil der Irokesenvölker, darunter auch die Cayuga, auf britischer Seite in den Kampf gezogen. 1779 sandten die Amerikaner Truppen unter den Generälen John Sullivan und James Clinton aus, um die pro-britischen Irokesen zu bestrafen. Die Dörfer der Cayuga wurden zerstört; Goi-o-gouen war einer ihrer drei Hauptorte gewesen.

HISTORISCHE GEDENKTAFELN ENTLANG DER STRASSE NR. 90

Kleine amtliche Schilder,
verblichenes blaues Metall,
erteilen Geschichtsunterricht
vom Straßenrand her.

Erstes Schulhaus
Erste Zeitung
Erste Siedlerhütte

und im Zentrum
der kleinen Collegestadt
zeigt ein anderes Schild
den Ort an,
wo die Pfirsichbäume
des Cayuga-Volkes standen,
bevor Sullivans Soldaten
sie zerstörten.

Die Schilder sind kleiner
als die Hügel,
kleiner als der Grabhügel
von Goi-o-gouen.

Während ich fahre,
stäubt Schnee in mein Auto herein,
so fein, daß die Flocken
unsichtbar sind;

und obwohl vor mir alles
im Dunst verschwimmt,
spüre ich zu meiner Rechten etwas,
das stark ist und atmet und lebt.

Es ist der Cayuga-See,
schieferblau, mehr Nebel als Wasser,
unergründlicher als ein Traum.

Mein Blick verliert sich
in diesem uferlosen Gewässer –
einer Vergangenheit,
die immer lebendig sein wird.

Joseph Bruchac

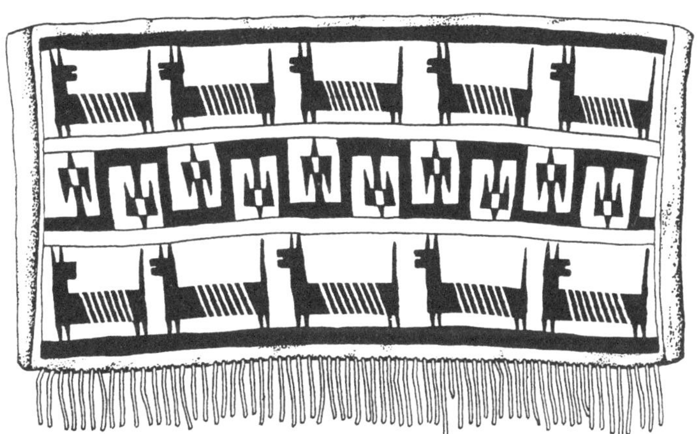

Das Gedicht behandelt in bitter-ironischer Weise das Zusammentreffen mit der Zivilisation der Weißen, dessen Folge Ausbeutung, gebrochene Verträge und die Absiedlung der Indianervölker in die Reservationen waren. Bei uns harmlose Infektionskrankheiten wie Erkältung, Schnupfen, Masern hatten bei den Indianern, die keine Abwehrstoffe gegen sie besaßen, verheerende Folgen; viele starben an Tuberkulose oder Pocken. Krankheitserreger wurden oft bewußt als „Waffe" gegen die Indianer eingesetzt.
James Welch, Jahrgang 1940, ist ein Blackfoot/Gros Ventre und stammt aus Montana, wo er bei Missoula auf einer Farm lebt. Nach dem Studium und verschiedenen beruflichen Tätigkeiten wurde er freier Schriftsteller. Er hat Gedichte geschrieben und Romane verfaßt.

DER MANN AUS WASHINGTON

Für die meisten von uns kam das Ende mühelos.
In den primitiven Anfängen unserer Geschichte,
als wir in einem entlegenen Winkel einer trostlosen
  Welt
unser Leben fristeten, erwarteten wir nicht viel mehr
als Feuerholz und Kleidung aus Büffelhaut,
damit wir es warm hatten. Dann trat der Mann auf,
ein krummer Zwerg mit Regenwasseraugen,
und redete zu uns. Er versprach,
daß unser Leben weitergehen würde wie bisher,
daß Verträge abgeschlossen würden, und jeder von uns
– Mann, Frau und Kind – geimpft würde
gegen eine Welt, an der wir keinen Anteil hatten,
eine Welt des Geldes, der Versprechungen und der
  Krankheit.

James Welch

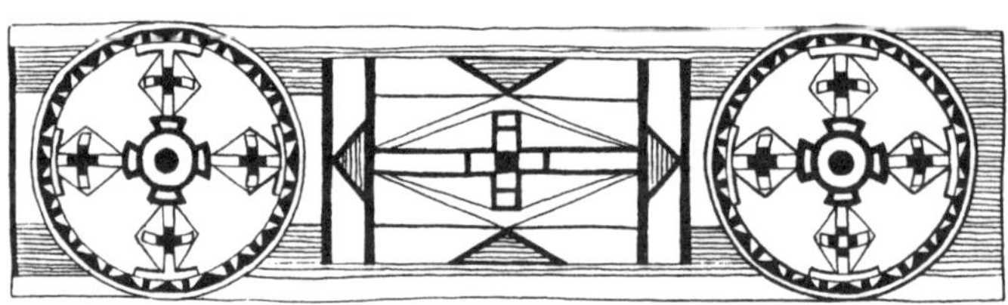

FORT SILL, OKLAHOMA / JUNI 1978

für Lance Henson

Libellen in der heißen Luft;
Armeehubschrauber hocken
auf den Rollbahnen nahe der Straße.

Auf dem einzigen Hügel des Militärfriedhofs
sind die Häuptlinge begraben –
Quanah Parker, Kicking Bear.
All ihre Gräber schauen nach Osten.

Kondensstreifen am Himmel
vertiefen die Stille
rund um die Gräber der Krieger.

Einer sucht nicht
nach Geronimos Grab –
der Präriefalke hoch über uns.

Joseph Bruchac

Quanah Parker (ca. 1850–1911), Kriegshäuptling einer Comanchensippe, weigerte sich nach Abschluß des Vertrages von 1867, in die Reservation zu gehen. Erst Jahre später, nach heftigen Kämpfen, ergab er sich mit seinen Leuten in Fort Sill. Quanah Parker, dessen Mutter eine gefangene Weiße war, paßte sich den neuen Lebensbedingungen an und wurde Häuptling des gesamten Comanchen-Volkes.
Kicking Bear (1853–1904), vom Volk der Sioux, war einer der Führer in der sogenannten Geistertanzbewegung („ghost-dance"). Diese Religion mit messianischen Erwartungen wurde 1888 von dem Paiute-Indianer Wovoka begründet und breitete sich innerhalb von zwei Jahren über fast die ganze westliche Hälfte der Vereinigten Staaten aus; die indianischen Hoffnungen wurden jedoch 1890 im Massaker von Wounded Knee durch Regierungssoldaten endgültig zunichte gemacht.
Geronimo (ca. 1830–1909) hielt mit seinen Apachenkriegern viele Jahre die US-Armee in Schach; erst der Einsatz indianischer Späher auf Regierungsseite führte 1886 zu seiner Gefangennahme.

CRAZY HORSE

der letzte morgen

die dämmerung

erhob sich wie eine hand
an der grenze des dunkels

im hellen dunst stand
der krieger als
lauschte er
dem klang einer
glocke

im
hohlen
wind

Lance Henson

Crazy Horse war einer der wichtigsten militärischen Führer der Lakota/Sioux und besaß auch als Weiser und Seher großes Ansehen. 1877 wurde er von den Amerikanern zu Verhandlungen eingeladen, dann aber verhaftet und, als er zu fliehen versuchte, umgebracht. Seine sinnlose Ermordung fiel in eine Zeit, als der endgültige Niedergang seines Volkes bereits unabwendbar schien.
Auch das kleine Volk der Southern Cheyenne in Oklahoma – dem Lance Henson angehört – ist in einer schwierigen Lage. Hohe Arbeitslosenrate und Kindersterblichkeit, Alkoholismus aus Hoffnungslosigkeit, viele Selbstmorde, besonders bei Jugendlichen – das sind nur einige Hinweise auf die Lage der Tsistsistas, „das auserwählte Volk“, wie sie sich selber nennen. Dagegen hilft, so sind die traditionellen Cheyennen überzeugt, nur eine Rückbesinnung auf die eigenen Wurzeln, wie es Lance Henson in vielen seiner Gedichte tut.

WAS HIER BLÜHT, SIND KEINE ROSEN

ein strang stacheldraht
an den rote bänder geknüpft sind
umschließt das b i a-gelände
in concho oklahoma
rotfinken und schwalben fliegen
über das sperrgebiet
nisten in den gefangenen bäumen

das echo von kinderstimmen
cheyenne und arapaho
singt in den stillen räumen wo sie schliefen

es ist bereits gesagt worden

der weiße mann gab uns viele versprechen
er hielt nur eines
er sagte er würde uns das land nehmen
und tat es

Lance Henson

Eine in der indianischen Zeitschrift „Akwekon" abgedruckte Fassung dieses Gedichts ist mit der sarkastischen Widmung versehen: „Für Reagan und das BIA" (Bureau of Indian Affairs). Das dem Innenministerium unterstellte „Büro für indianische Angelegenheiten" hat sich vielfach nicht als Interessensvertreter der Indianer, sondern als Handlanger der Regierung erwiesen. Unter Präsident Reagan wurden zahlreiche indianische BIA-Schulen geschlossen, so auch die in Concho, Oklahoma. Heute haben viele Indianervölker ihre eigenen Schulen gegründet.

General George Armstrong Custers Armee wurde 1876 – man hatte in den Black Hills Goldvorkommen entdeckt – gegen die Lakota/Sioux ausgesandt, die sich weigerten, ihr Land abzutreten, das ihnen im Vertrag von 1868 für immer zugesichert worden war. In der Schlacht am Little Big Horn wurden Custers Truppen von Lakota, Cheyennen und Arapahos vernichtend geschlagen. Im Dezember 1890 wurden in Wounded Knee (Süddakota) etwa 300 halbverhungerte Lakota, auch Frauen und Kinder, von Regierungstruppen niedergemetzelt. Im Jahr 1973 besetzten Vertreter des „American Indian Movement" den kleinen Ort Wounded Knee und die Stätte des Massakers, um gegen die fortdauernde Armut und Ausbeutung zu protestieren. Die Pomo sind ein kleiner Stamm, der in Kalifornien lebt.

CUSTER LEBT IN HUMBOLDT COUNTY

Wie nannten sie es damals,
in den alten Zeiten,
als uns der weiße Mann soviel Unheil brachte?
All das Töten, den Diebstahl unserer Heimat,
unseres Landes?
Entschuldbarer Völkermord oder
irgend sowas, zweifellos.
Unbeabsichtigter Totschlag,
so nannten sie es,
als ein Polizist in Humboldt County
letztes Frühjahr einen jungen Pomo niederschoß,
ihn niederknallte und einfach liegenließ
am Straßenrand,
wo das hohe grüne Gras ihn verdeckte,
und er verblutete im Licht der Frühlingssonne,
zwischen den hohen grünen Halmen,
unbeabsichtigter Totschlag,
so nannten sie es,
als der Pomo schließlich starb.

Das Unheil, das der weiße Mann einst
mit seinen Wildwest-Manieren anrichtete,
ist vorbei, vergeßt es, sagen sie.
Gras wächst wieder am Little Big Horn,
bei Steptoe und Wounded Knee,
hohe Gräser, die im sanften Wind schwanken
und die Narben der alten Kämpfe verbergen,
die alten, verheilten Wunden.

Warm scheint die Sonne am klaren, weiten Himmel,
alles ist jetzt still,
Vergangenes gehört vergessen.

Janet Campbell Hale

MANCHE WISSENSCHAFTLER schätzen die indianische Bevölkerung vor dem Kommen der Weißen auf über 45 Millionen, andere nehmen an, es seien ungefähr 20 Millionen gewesen. Die Regierung der Vereinigten Staaten hat fast 200 Jahre lang die Phantasiezahl von 450.000 benutzt. Wenn, wie aufgrund von Erhebungen mit Nachdruck behauptet wird, etwa 25 Prozent der indianischen Frauen und 10 Prozent der Männer ohne Wissen und Zustimmung sterilisiert wurden; wenn unsere durchschnittliche Lebenserwartung 45 Jahre beträgt; wenn unsere Säuglingssterblichkeit weiterhin hoch über dem landesweiten Durchschnitt liegt; wenn die Arbeitslosenrate für alle Teile unserer Bevölkerung 60 bis 90 Prozent ausmacht; wenn die US-Regierung in ihrer Politik der Umsiedlung, Vertreibung und Assimilierung fortfährt, verbunden mit der Zerstörung naturbelassener Gebiete, von Reservationsland und seinen Bodenschätzen; wenn unsere Jagd-, Fischerei-, Holznutzungs- und Wasserrechte weiterhin drastisch eingeschränkt werden – DANN sind die Stämme immer noch vom Aussterben bedroht.

Paula Gunn Allen

Obwohl Paula Gunn Allens Text (1984 veröffentlicht) geradezu sachlich gehalten ist, verrät er den Schmerz und die Trauer der Autorin, läßt er deutlich die Anklage spüren. Paula Gunn Allen wurde 1939 im spanischsprachigen Cubero, New Mexico, geboren. Mütterlicherseits stammt sie von Laguna-Pueblo-Indianern und Sioux ab, väterlicherseits von libanesischen Einwanderern. Von ihrer Herkunft her fühlt sie sich irgendwo zwischen den beiden „Welten“ angesiedelt („Ein Mischling ist ein Indianer, der kein Indianer ist“), der indianischen Kultur aber tiefer verbunden.

Laguna ist eines der größten Pueblos in New Mexico. Die Häuser, zwei- oder mehrstöckig, sind terrassenförmig angeordnet, das Dach des ersten Stockwerks ist so zugleich der Balkon des zweiten.

In den vergangenen Jahren gab es immer mehr Beweise dafür, daß viele junge indianische Frauen sterilisiert wurden, oft mit Hilfe des von der Regierung eingesetzten Gesundheitsdienstes IHS (Indian Health Services). Fehlinformationen über die Folgen des Eingriffes und Einschüchterungstaktiken sollten die Frauen dazu bringen, ihre Zustimmung zu geben; in vielen Fällen wurden sie jedoch gar nicht informiert, die Sterilisation wurde einfach mit einer anderen Operation (z.B. Blinddarm) verbunden. Laut Dr. Connie Uri (Los Angeles) haben Untersuchungen ergeben, daß bereits ein Viertel der indianischen Frauen „im gebärfähigen Alter" sterilisiert wurde. Keine der betreffenden Kliniken, keiner der Ärzte wurde dafür zur Rechenschaft gezogen.

LAGUNA-FRAUEN BEIM MITTAGESSEN

An meinem vierzigsten Geburtstag

Großmutter sagt, es ist deprimierend –
alle diese Indianerfrauen,
die niemals Kinder haben werden,
und sie wußten nicht einmal,
daß man sie sterilisiert hatte.
Ach ja, die Ärzte wollten ihnen Kummer ersparen,
diesen Frauen, arm wie die sind und überhaupt –
so wird es immer begründet.
Trauer erfüllt uns bis zum Rippenbogen,
macht uns das Atmen schwer.
Wir, drei Indianerinnen,
die ihre Herkunft verschweigen,
meine Mutter, meine Großmutter und ich –
uns hat niemand sterilisiert. Unsere
Kinder sind erwachsen.
Wir wagen es nicht zu weinen,
hier beim Kaffee in diesem feinen Lokal,
wir sind ruhig, schwanger
mit dem ungeborenen Schmerz der anderen.
Meine Mutter sagt, es ist genauso
wie in Deutschland unter den Nazis.
Medizinische Massenvernichtung.
Ich gelte nun offiziell
als alte Frau, meint sie,
jetzt sage ich es ihnen ins Gesicht.

Paula Gunn Allen

Dieser Text beschreibt ein zufälliges Gespräch zwischen Harold Littlebird, der gerade von einem Pow-wow (indianisches Fest) zurückkehrte, und dem Vertreter eines der großen Ölkonzerne. Das Dorf Paguate liegt in der Laguna Reservation in New Mexico. Hier betrieb der Anaconda-Konzern im Tagbau die Jackpile-Mine, in der viele Männer des Dorfes arbeiteten. Als die Mine stillgelegt wurde, waren Tafelberge und Hügel zerstört worden, das Wasser des Rio Paguate war verseucht, das Grundwasser durch die Abraumhalden (sie enthalten 85 % der ursprünglichen Radioaktivität des Uranerzes) kontaminiert. Die freigesetzte radioaktive Strahlung führte bei der indianischen Bevölkerung zu erhöhtem Auftreten von Lungenkrebs, Atemwegserkrankungen, Fehlgeburten und Geburtsschäden.
Harold Littlebird, geboren 1951, ist ein Pueblo-Indianer (Laguna/Santa Domingo). Er schreibt, töpfert, tritt als Sänger traditioneller Lieder auf und beschäftigt sich mit der mündlichen Überlieferung der Pueblos.

NACH DEM POW-WOW

Ein Auszug

Ich erzähle ihm, wie es in Paguate war,
bevor die Jackpile-Uranmine den Betrieb aufnahm,
meine Mutter kann sich gut an diese Zeit erinnern.
„Damals gab es noch Felder", sagt sie oft,
„im ganzen Tal und den Canyon hinauf;
Pfirsichbäume und Maiszeilen, Melonenbeete und
Felder mit Korn und Weizen, dort, wo jetzt die Mine ist.
Anfangs war sie noch weit vom Dorf entfernt."
Damals, so sagt sie, arbeiteten nur wenige Männer
aus Paguate in der Mine,
heute ist sie eine häßliche Narbe,
knapp östlich des Dorfes,
jenseits der zweispurigen Landstraße.
Und die radioaktiven Abfälle liegen frei herum,
der Wind verbläst sie,
es gibt keine Einrichtungen zu ihrer Entsorgung,
keine Behörde scheint sich darum zu kümmern.
Man wies die Leute sogar an,
die Fundamente ihrer neuen Häuser
aus den Abfällen zu bauen,
und sie belegten auch die Straßen damit,
um sie staubfrei zu halten.
In den Gemeinschaftshäusern,
wo manche der Zeremonien stattfinden,
ist der festgestampfte Erdboden
mit dem Abfall vermischt.

Jetzt gibt es mehr Krebskranke,
mehr verkrüppelte Babys und
dahinsiechende alte Leute;
und mehr brandneue Statistiken,
wie noch mehr Uran abgebaut werden kann,
mit modernsten Anlagen, geliefert von den großen
Ölkonzernen wie Exxon, Shell, Amoco.

Die Indianer sitzen in der Falle.
Sie müssen arbeiten, um leben zu können,
und die Mine ist eben da,
sie verdienen ihr Geld und arbeiten weiter
unter ungesunden, gefährlichen Bedingungen;
so kommt das Lied nie an ein Ende.
Ich weiß, es ist nicht seine Schuld,
darum nippe ich an meiner Cola
und wechsle das Thema,
wir unterhalten uns jetzt über Reisen,
aber ich werde nicht vergessen,
auch für diesen Mann zu singen.

Harold Littlebird

Paula Gunn Allen erwarb ein Doktorat an der Universität von New Mexico (American and American Indian Studies) und ist als Lyrikerin, Romanautorin, Herausgeberin, Essayistin und durch ihre Lehr- und Vortragstätigkeit bekannt geworden. In ihrer Arbeit versucht sie, immer bewußt aus der Perspektive der Frau, indianische Traditionen und deren Neugestaltungen aufzuspüren sowie gängige Klischees als solche zu entlarven.

ANGESICHTS DER MANNIGFALTIGEN Bedrohungen unserer geistigen Gesundheit, unseres Überlebens und Selbstbewußtseins geben viele von uns einfach auf. Viele sind Alkoholiker geworden, viele dem Rauschgift verfallen; viele lassen ihre Kinder und alten Leute im Stich; viele begehen Selbstmord; viele werden gewalttätig, verlieren den Verstand; viele verwandeln sich in „Weiße", und man hört und sieht nichts mehr von ihnen. Aber genug von uns halten an den Traditionen und alten Lebensregeln fest, sodaß wir auch nach fast 500 Jahren brutaler Unterdrückung immer noch ausharren – und sogar Lieder und Gedichte schreiben, Bilder malen und zeichnen, die uns sagen: „In Schönheit wandern wir. Laßt es uns weiterhin tun."

Paula Gunn Allen

WEGKARTE AUF STEINEN

WEGKARTE AUF STEINEN

Als ich die erste Karotte dieses Sommers
aus der Erde zog,
war ein Stein im Wurzelhaar gefangen
wie eine Münze in einer Faust.

Die ältesten Bewohner dieses Hügels,
lange bevor mein Fuß ihn betrat,
lasen ihr Geschick aus der Gestalt von Steinen.

Jeder Stein trug ein Muster,
eine Wegkarte dieses Landes;
wer sie deuten konnte,
den führte sie an sein Ziel.

Ich paßte meine Handfläche
der Form des Steines an,
suchte nach der Skizze eines unsichtbaren Pfades,
einer Straße, wie sie die Flügel des Rotschwanzfalken
bisweilen über den Himmel ziehn.

Ich hielt den Stein, bis ich spürte,
wie mein Herz in seinem Rhythmus
zu schlagen begann,
dann vergrub ich ihn wieder, unsicher
ob ich schon bereit war,
den Weg zu betreten, den er mir wies.

Joseph Bruchac

ICH SOLLTE DARÜBER SPRECHEN, wie wichtig – und warum – die wilde Erdbeere für uns ist. Sie ist die erste wildwachsende Frucht, die uns der Frühling hier im Osten schenkt. Für das Volk der Irokesen ist sie das Symbol des Lebens, sie spielt eine große Rolle in den traditionellen Zeremonien. In meiner Kindheit pflegte ich hinter meiner Mutter und meinen Schwestern von einem Fleck Erdbeeren zum anderen zu wandern; auf diesen weiten Wiesen sind meine Knie krumm geworden, und der Rücken brach mir fast entzwei, aber mein Mund genoß den süßen Geschmack. Jetzt bringe ich meinen persönlichen Dank dafür dar, mein *adowe*, und hoffe, daß die Wilderdbeere auch weiterhin wachsen und gedeihen wird. Ich habe vieles gelernt in diesem nördlichen Landstrich, unter einem Himmel, in den Vögel, Wolken und Winde ihre Muster zeichneten: Dankbarkeit, Achtung, die Bedeutung des Familienkreises, den Wert ehrlicher Arbeit. Ich lernte, wie vollkommen schön die Natur ist, welche Freuden sie uns schenkt, und daß es notwendig ist, nicht nur das Nützliche und Schöne zu bewahren und zu schützen, sondern alles, was der Schöpfer auf unserer Erde erschaffen hat. Die Zweibeiner, die Menschen, vergessen allzu leicht die Gesamtheit der Schöpfungsgaben, und in ihrem Egoismus scheinen sie es fast zu bedauern, daß auch die anderen Geschöpfe ein Recht zum Überleben haben.

Maurice Kenny

Maurice Kenny veröffentlichte zahlreiche Lyrikbände, schrieb Erzählungen und Dramen und ist Herausgeber und Verleger. Er lebt in Brooklyn, kehrt aber immer wieder in seine Heimat im Norden des Staates New York zurück, wo er 1929 geboren wurde und aufwuchs. Für „The Mama Poems“ erhielt er 1984 den American Book Award. Die Lebens- und Sprachrhythmen seines Volkes, der Mohawk, haben sein literarisches Werk in vielfältiger Weise geprägt.

N. Scott Momaday ist der Sohn eines Kiowa-Vaters und einer Cherokee-Mutter. Er wurde katholisch erzogen, hat sich aber später der traditionellen Religion seiner Vorfahren zugewandt. Auch literarisch beschäftigt er sich immer wieder mit der Überlieferung der Kiowa.

EINE DER AUSWIRKUNGEN der technologischen Revolution besteht darin, daß wir der Erde entfremdet worden sind. Wir haben die Orientierung verloren, glaube ich; wir unterliegen einer Art psychischer Verwirrung, was Zeit und Raum betrifft. Mögen wir uns auch problemlos zurechtfinden, wenn es um den Weg zum Supermarkt geht oder darum, die Zeit bis zur nächsten Kaffeepause abzuschätzen, so zweifle ich doch daran, ob jemand von uns seinen Standort bestimmen kann, was die Sterne angeht oder die Zeiten der Sonnenwende. Unser Sinn für die Ordnung der Natur ist stumpf und unverläßlich geworden. Wie die unberührte Natur selbst ist auch der instinktive Bereich in uns im gleichen Ausmaß zusammengeschrumpft, denn wir haben verlernt, eine wahre Vorstellung von ihr zu entwickeln.

N. Scott Momaday

WENN DIE MÄNNER DER HOPI zur Maisernte auf ihre Felder gehen, pflücken sie zuerst einen kleinen Kolben – diese kleinen Kolben sind ein Symbol für die Kinder. Sie tragen den Baby-Mais behutsam heim, wo die Mutter des Hauses schon wartet. Jede Mutter segnet ihren kleinen Kolben und legt ihn sanft in den Maiskorb. Erst dann dürfen die Männer den übrigen Mais ernten. Die geernteten Kolben wurden der Obhut der Frauen übergeben; immer schon wurde der Mais als lebendiges Wesen geachtet. Die Frauen redeten mit ihm wie mit einem Menschenkind, sie sprachen: „Schaut diesen wunderschönen Mais an, seht, wie farbenprächtig er ist! Und wie viele Körner er hat!"
Die Hopi betrachteten den Mais als einen nahen Verwandten, genauso wie wir im Nordwesten den Lachs; wir fühlten uns als Lachs-Volk. Die Prärie-Indianer hatten eine ebenso enge Lebensgemeinschaft mit dem Büffel.

Janet McCloud

Das Gebiet der Hopi befindet sich inmitten der Navajo-Reservation in der Halbwüste von Nordarizona. Die Hopi bauten ihre Dörfer hoch oben auf Felsen der Tafelberge, um vor den kriegerischen Stämmen sicher zu sein. Maisanbau und Schafzucht prägen ihr Leben. Bei zahlreichen Liedern der Hopi sind die Melodien von der natürlichen Umgebung bestimmt.
Janet McCloud (Yet-Si-Blue) ist eine Stammesälteste der Tulalip, die im Nordwesten der USA beheimatet sind. Sie setzte sich für die Fischereirechte der indianischen Bevölkerung ein und gründete 1979 den „Northwest Indian Women's Circle", um das geistige Leben und Selbstvertrauen indianischer Frauen zu verbessern. Die meisten Stämme, sagt sie, waren ursprünglich matriarchalisch geprägt; beide Geschlechter nahmen aktiv am Stammesleben teil, die Frauen hatten die politische und spirituelle Leitung inne.
Janet McCloud ist auch Mitglied des stammesübergreifenden „Elders' Circle".

MEIN FÄCHER AUS ADLERFEDERN

Der Adler ist meine Kraft,
Und mein Fächer ist ein Adler.
Er ist stark und schön
In meiner Hand. Er ist lebendig.
Meine Finger umfassen ihn,
Als wäre sein perlenverzierter Griff
Die Krümmung eines uralten Baumes.
Die Knochen meiner Hand sind leicht
Und hohl; der Fächer trägt sie.
Meine Hand bewegt sich in der dünnen Luft
Der Bergkuppen. Den ganzen Morgen
Gleitet mein Adler im kalten Luftstrom;
Den ganzen Nachmittag kreist er
Im Rhythmus der Lieder, der Trommeln.

N. Scott Momaday

Momaday war Lyriker, bevor er seine Romane und Essays verfaßte, und er hat nie aufgehört, Gedichte zu schreiben. Er betont, daß die Wurzeln der zeitgenössischen indianischen Dichtung weit tiefer reichen als das geschriebene Wort – sie reichen bis in die Ursprünge der Sprache selbst und stammen vielfach aus der mündlichen Überlieferung, den Liedern, Beschwörungen und Gebeten. Es liegt im Wesen mündlicher Überlieferung, daß die Sprache als etwas Vitales und Machtvolles angesehen wird, als etwas im tiefsten Sinn Kreatives.

Die Bedeutung des Fächers hängt mit der besonderen Stellung zusammen, die der Adler in indianischer Sicht unter den Tieren einnimmt. Da er von allen geflügelten Geschöpfen am höchsten fliegt, wird er z.B. von den Sioux als der Sonne verwandt und als ein Symbol der Schöpferkraft angesehen.

TIERLANDSCHAFT

Die Körper von Tieren
heben sich still von der Erde ab
im dunklen
Schatten der Bäume.

Die glatten Rücken der Hirsche,
die sich im Staub
bewegen,
zarte Berge aus Knochen,
sie rufen mich,
die Luft langer Wegstrecken
in ihrem Atem.

Manchmal möchte ich
mit den dunklen Sandpferden sprechen.
In ihren schwarzen Augen
mein Körper, klein,
zu ihnen niedergebeugt.

Welch sanfte Ränder die Erde hat.
Nichts geht verloren.
Die Hirsche haben sich
in Vögel verwandelt
und die Vögel
durchfliegen mich,
nur einen Atemzug von mir getrennt.

Welch sanfte Ränder.
Vögel,
sind es Vögel,
deren Stimmen die Luft um mich erfüllen?

Linda Hogan

Linda Hogan über ihre Arbeit: „Das Schreiben ist ein Weg, eine neue Wahrheit zu entdecken. Es kommt aus den tiefsten Schichten des menschlichen Wesens, von dort, wo die Quelle unseres inneren Wissens liegt, die Quelle von Intuition und Instinkt."

SCHWARZE HÜNDIN

schwarze Hündin
Lieblingstier meines Sohnes
wo immer er auch umherstreift
sie ist sein Schatten

Malinda Powskey

Malinda Powskey stammt aus Arizona. Sie hat sich als Ausbildnerin im Rahmen eines zweisprachigen Programms intensiv mit Sprache und Kultur der Hualapai beschäftigt, die zu den Yuma-Indianern gehören.

DESMET, IDAHO, MÄRZ 1969

Die alten Leute
bei der Totenwache
für meinen Vater
    kannten mich,
    obwohl ich
    sie nicht kannte,
und sie redeten zu mir
in der alten Sprache
unseres Stammes,
ohne
sich darum zu kümmern,
daß ich
diese Sprache
nicht spreche,
und ich
hörte zu,
als verstünde ich,
was sie meinten,
und,
oh,
wie es mich
bewegte,
diese fremde
    sanft
    fließende
Sprache
wieder zu hören,
meinem Ohr
so vertraut
in der Kindheit.

Janet Campbell Hale

Janet Campbell Hale wurde 1947 in der Coeur d'Alene-Reservation im nördlichen Idaho geboren. Sie schreibt Romane, Fernsehdrehbücher und Gedichte.

IN EINER PFEILSPITZE AUS FEUERSTEIN

William Oandasans Text stammt aus seinem Gedichtband „Round Valley Songs" (American Book Award 1985). Round Valley ist der Name der Yuki-Reservation im nördlichen Kalifornien, aus der Oandasan kommt. Der 1947 geborene Autor ist Lyriker und Journalist.

gesprenkelt mit Quarz
habe ich unsere Großväter gesehn
wie sie an einem Bach östlich des Tales
Lachse speerten und Hirsche jagten

William Oandasan

TODESLIED EINES CHOCTAW

Jim Barnes greift in seinem Gedicht (einem von insgesamt vier „Choctaw-Liedern") die alte Tradition individueller Todeslieder auf, die im Augenblick des Sterbens gesungen wurden. Barnes, von Choctaw- und walisischer Abstammung, ist Lyriker, Erzähler und Universitätslehrer. Bis 1960 arbeitete er als Holzfäller in Oregon.

Wenn ich vorübergehe,
bewahrt die Prärie
meine Spuren
so lang
wie der Wind
schläft.

Jim Barnes

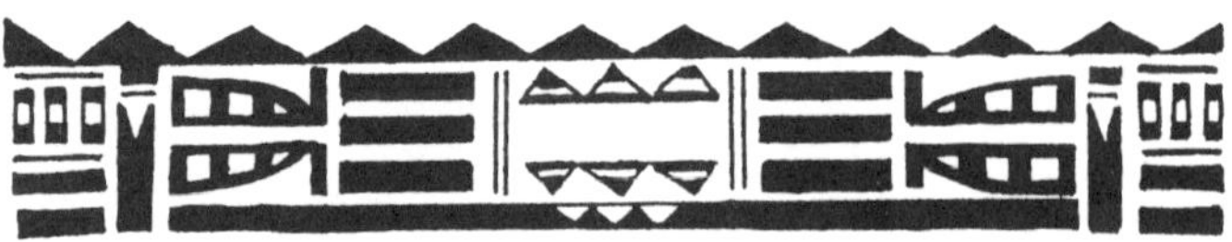

ZUM ANDENKEN AN DIE CHEYENNE GEFALLEN BEI SAND CREEK

wenn wir diesen langen weg gegangen sind
vorbei an kalten grauen feldern
vorbei an den steintafeln mit den eingeätzten
namen die sie uns hinterließen

werden wir zum ersten mal mit der jahreszeit sprechen
mit den wassertümpeln

wir werden das tote gras berühren

und unsre stimmen werden widerspiegeln
was wir schauen

Lance Henson

Ein Lager friedlicher Cheyennen am ausgetrockneten Sand Creek in Südwest-Colorado war 1864 der Schauplatz eines sinnlosen Massakers durch die Truppen der Regierung unter Oberst Chivington. Obwohl die Cheyennen als Zeichen der Freundschaft die amerikanische und eine weiße Fahne hißten, wurden sie niedergemetzelt. Hunderte starben, ein Großteil davon waren Frauen und Kinder. Die Leichen wurden skalpiert und verstümmelt; nach der Rückkehr von Chivingtons Truppen wurden die Skalpe den Bürgern der Stadt Denver triumphierend präsentiert. Einer der Toten von Sand Creek war der Friedenshäuptling White Antelope, ein Vorfahre von Lance Henson. Die Arme verschränkt, sein Todeslied singend, erwartete er die angreifenden Soldaten.
Lance Hensons indianischer Name ist Mahago (Dachs). Er ist Mitglied der „Dog Soldiers“, eines traditionellen Kriegerbundes der Cheyennen, und der „Native American Church“.

Das Gedicht „Recuerdo" (Erinnerung, span.) behandelt eines von Paula Gunn Allens Leitthemen: die Sehnsucht nach einer einst bekannten, dann aber verlorengegangenen Wahrheit. Der Text ist dem Gedichtband „Shadow Country" (1982) entnommen, der die Wertschätzung der Autorin für die kulturellen Traditionen ihrer Vorfahren zeigt, die jedoch immer wieder mit Problemen und Fragen der Gegenwart in Verbindung gebracht werden.
Peyote ist eine Kaktusart, die in Nordmexiko und im Südwesten der Vereinigten Staaten wächst. Die Früchte enthalten Alkaloide (u.a. Mescalin) und werden in der „Native American Church" rituell verwendet. Ihr Genuß führt oft zu farbenprächtigen Visionen und anderen spirituellen Erfahrungen, macht aber nicht süchtig. Die „Native American Church" verbindet christliche und indianische Elemente und umfaßt Mitglieder zahlreicher Stämme.
Obsidian, ein meist schwarzes, glasartiges Gestein vulkanischen Ursprungs, ähnlich zusammengesetzt wie Granit, wurde von den Indianern für Waffen, Werkzeuge und Schmuck verwendet.
Mesa (Tisch, span.): Tafelberg.

RECUERDO

Ich stieg in die Stille hinauf, um die klare Luft zu atmen,
und sah die Gipfel über mir aufragen wie Götter.
Dort wohnen sie, sagen die alten Leute.
Als Kind hörte ich sie reden,
wenn wir auf den Berg gingen, um zu picknicken
oder Holz zu sammeln. Zitternd in der kalten Luft
lauschte ich und hörte.

Neuerdings schreibe ich,
versuche Klang und Erinnerung zu verbinden,
spüre jener Botschaft nach,
die ich einst hörte und dann fast vergaß.
Es war inmitten der hohen Föhren, es sprach.
Im Wind war eine Stimme – etwas darin
versetzte mich in Schrecken und machte mich weinen.
Ich wollte mich an meine Mutter klammern
und mich von ihr trösten lassen,
sie sollte mir die Stimme und meine Angst erklären,
aber ich blieb sitzen,
frierend, versuchte mich so warm zu fühlen
wie das Lagerfeuer,
die Stimmen meiner Familie gaben mir diesen Rat.

Nun ersteige ich die Mesas in meinen Träumen.
Die Berggötter schweigen, und ich suche noch immer.
Ich spiele mit Peyotefrüchten und zähle
die Stengel des süßen Salbeis,
den ein Freund mir geschenkt hat –

besessen von einer Erinnerung,
die nicht vergehen will.
Ich rühre wilden Honig
in meinen sorgsam bereiteten Zederntee
und warte, daß Klarheit in mir aufsteigt,
mich grüßt und mich tröstet.

Vielleicht werde ich dieses Mal nicht fortlaufen.
Vielleicht werde ich diesmal fragen,
was die Stimme bedeutet.
Vielleicht werde ich den geheimen Ort entdecken,
wo Schrecken und Trost einander begegnen.
Morgen werde ich zurückgehen und hinaufsteigen
in die endlosen Mesas meiner Heimat.
Ich werde Disteln suchen, die im Wind vertrocknen,
glänzende Obsidianstückchen in meine Taschen stecken
und Scherben, zurückgelassen von Töpfern,
die lang vor mir lebten.

Paula Gunn Allen

DER MORGEN DES JÄGERS

Letztes Jahr wanderte ich nur einmal
mit meinem Bogen
hoch hinauf in die weiten Schneeberge über Vallecitos
und erbeutete keinen Hirsch
aber fühlte auf meinem Gesicht
den Eishauch vor Sonnenaufgang
spürte den harschigen Schnee
unter den Füßen einbrechen
schaute zurück und sah meine Spur
kaum noch im Morgendämmern
roch die kühle Nässe klarer Quellen
die im Dunkel rieselten
sah die Umrisse mächtiger Ponderosaföhren
mit eisgebeugten Ästen
die leise im sanften Windhauch knisterten
während ich immer höher stieg
blieb stehen um Atem zu schöpfen
und hörte wie in der Ferne zwei Krähen
krächzend die aufgehende Sonne begrüßten
und Kojoten einander zuheulten
von einem versteckten Canyon zum andern
sah den blaugrauen Himmel sich erhellen
und die stillen Sterne erlöschen
spürte mein Gesicht im kalten Winterwind taub werden
als ich fröstelnd auf einer Felskante saß und den
im Dunst verschwommenen Horizont betrachtete
blies warmen Atem in meine hohlen Hände
und schaute und horchte

während die aufgehende Sonne
rote und gelbe Lichtflecke auf ferne blaue Berge warf
stapfte so leise wie möglich
durch das Dickicht dürrer Krüppeleichen
nach frischen Spuren suchend
und frischer Losung im ruhig glänzenden Morgen
spürte das Leuchten und die Wärme
durch meinen ganzen Körper fließen
hielt inne und sprach ein Dankgebet
für diesen einen Jagdmorgen
den ich nie vergessen werde

Harold Littlebird

DIE TÖPFERIN

Ich schaue ihr über die Schulter
wie sie ihre Muster malt
    Sanfte fließende Linien
Ich kann den Rhythmus ihres Atems spüren
so nahe bin ich ihr
    Während sie unbeirrt ihre Farben aufträgt
Nicht einmal von den Fliegen gestört.

Laura Watchempino

*Laura Watchempino (geb. 1954), eine Acoma-Pueblo-Indianerin, ist Journalistin und schreibt Gedichte.
Das spanische Wort „pueblo" bedeutet „Dorf, kleine Stadt". Die Siedlungen der Pueblo-Indianer sind meist sehr alt; man findet sie in New Mexico und Arizona. Obwohl die Pueblo-Indianer verschiedenen Sprachgruppen angehören, sind sie einander in Lebensart und Denkweise sehr ähnlich. Durch unermüdliche Arbeit und mit Hilfe eines selbstentwickelten Bewässerungssystems haben sie dem trockenen Wüstenland Mais, Gemüse und Obst abgerungen. Sie sind hervorragende Töpfer, Weber und Korbflechter und besitzen eine reiche Mythologie. Die Bitte um den lebenspendenden Regen ist das zentrale Anliegen ihrer Religion, die wie bei den anderen Indianervölkern eng mit dem Alltag verwoben ist.*

EINS MIT DER ERDE

für die kleinen samen
will ich den pflanzstock nicht nehmen
ich knie nieder
und mache löcher für sie
mit den bloßen fingern
glätte die erde darüber
berühre sie zärtlich
damit die kleinen samen
sich meiner erinnern

in all den winzigen rillen meiner finger
in der rindigen haut meiner finger
unter den stumpfen nägeln meiner finger
steckt dunkle erde
denn meine hände wurden eins mit der erde
und mit ihnen auch ich

ich halte meine hände
in das eisklare wasser
des flüsternden fließenden baches
und der bach berührt meine finger
und schwemmt die erde fort
gibt sie dem erdreich zurück
an meinen händen ist wasser
denn meine hände wurden eins mit dem bach
und mit ihnen auch ich.

Norman H. Russell

GROSSVATER

von Kräutern duftende Canyons
erzählen mir von dir
das Echo der Taubenrufe
wiederholt deinen Namen
ich spüre deine Gegenwart
meine Stimme dankt dir
Vogel
Insekt
Fels
Baum
beten mit mir
danke Großvater

Bill Emery

Bill Emery war ein Schüler des Sinte Gleska College der Sioux auf der Rosebud Reservation in Süddakota, jener Reservation mit der höchsten Arbeitslosenrate (80 bis 95%). Das College, vom Stammesrat gegründet und von indianischen Lehrern geführt, ermöglicht den Schülern im Gegensatz zu vielen staatlichen Schulen auch die Pflege der eigenen indianischen Kultur. Heute hat das College den Rang einer Universität.
Die westlichen Stämme der Sioux nennen sich selbst Lakota, die östlichen Dakota („Freunde“, „Verbündete“). Ursprünglich siedelten die Sioux in dem bewaldeten Land am Oberlauf des Mississippi, wurden aber von den Ojibway nach Westen abgedrängt. Im Verlauf ihrer Wanderung wurden sie mit Ausnahme der Eastern und der Santee Dakota zu nomadischen Büffeljägern.
Großvater: einer der Namen der Sioux für das „Große Geheimnis“, den Schöpfer, dessen indianische Bezeichnung oft generalisierend mit „Großer Geist“ wiedergegeben wird.

MITEINANDER SPRECHEN

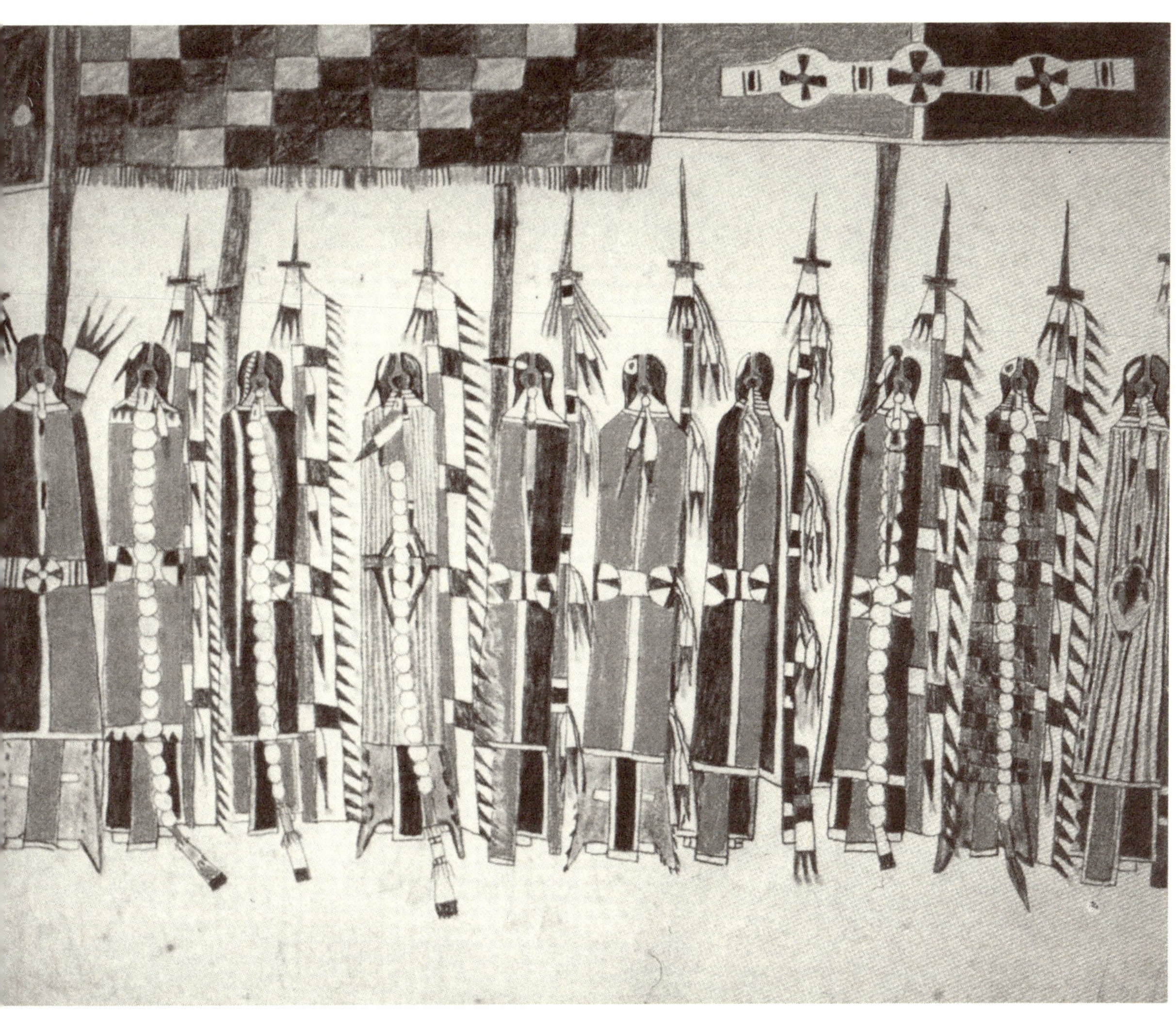

Simon J. Ortiz zählt zu den bekanntesten indianischen Lyrikern der Gegenwart.

VOM SPRECHEN

Ich trage ihn hinaus ins Freie
unter die Bäume,
ich stelle ihn auf die Erde.
Wir hören den Grillen zu,
dem Lied der Zikaden, jahrmillionenalt.
Ameisen laufen vorbei.
Ich sage zu ihnen:
„Das ist er, mein Sohn.
Er schaut euch zu, dieser Junge.
Ich spreche für ihn."

Die Grillen, Zikaden,
die Ameisen, die Jahrmillionen
beobachten uns,
hören, was wir sagen.
Mein Sohn murmelt Babyworte,
er redet, helles Lachen
sprudelt aus ihm.
Baumblätter zittern.
Sie hören diesem Jungen zu,
der für mich spricht.

Simon J. Ortiz

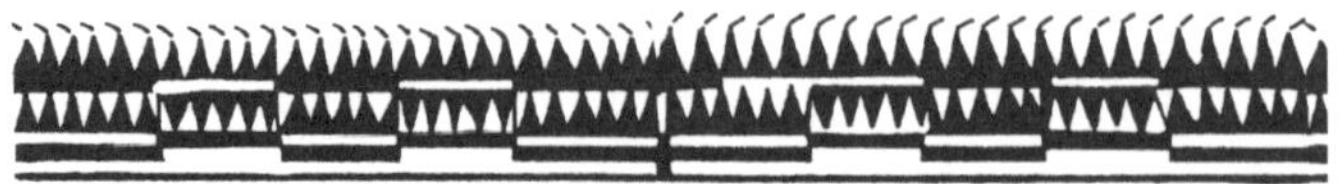

WENN ES STIMMT, daß manche Menschen groß und bedeutend sind und andere nicht, dann zweifle ich daran, daß die Reihen der Großen aus Politikern, Generälen und Millionären bestehen. Ich glaube vielmehr, daß es Menschen sind wie Swimmer Snell, der sich abarbeitete und trotzdem keinen Cent sparen konnte, der sein Leben lang unter der Armutsgrenze blieb, dennoch elf Kinder großzog und ihnen die Werte der alten Traditionen mitgab – solche Menschen sind groß.

Robert J. Conley

Adawosgi oder Swimmer Wesley Snell war der Schwiegervater des Dichters Robert J. Conley, der 1940 in Cushing, Oklahoma, geboren wurde. Geary Hobson hat Conley einmal den „wichtigsten und vielversprechendsten der zeitgenössischen Cherokee-Autoren" genannt.

WIR SIOUX SIND KEIN EINFACHES VOLK; wir sind sehr kompliziert. Wir schauen alles immer aus verschiedenen Blickwinkeln an. Für uns ist in der Freude Schmerz und im Schmerz Freude, genauso wie wir einen Clown gleichzeitig als lustige und tragische Figur empfinden. Alles ist Teil desselben Ganzen – der Natur, die weder traurig ist noch glücklich; sie ist einfach da.

Lame Deer

Lame Deer oder Tahca Ushte, geboren um 1900 auf der Rosebud Reservation in Süddakota, war ein „Medizinmann" (Priester, Seher, Arzt, geistiger Ratgeber) der Sioux. Durch sein Festhalten an der Religion und Lebenssicht seines Volkes hat er vielen jüngeren Indianern Mut und Rückhalt gegeben. Richard Erdoes, sein weißer Freund, schrieb nach langen Gesprächen Lame Deers Lebensgeschichte und Anschauungen nieder; der geistige Einfluß des 1974 verstorbenen Lakota reicht durch dieses Buch bis heute weiter.

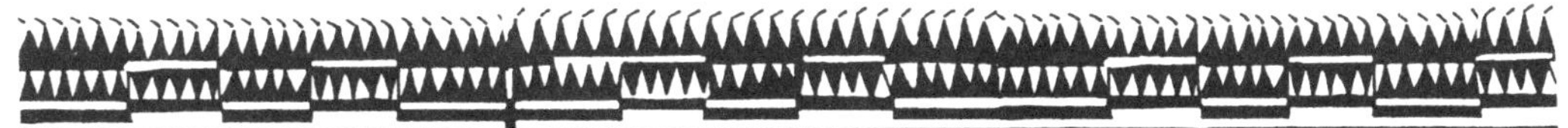

Das öffentliche Verteilen von Geschenken („give-away“) ist eine wichtige Zeremonie im Stammesleben.
Janet McCloud will mit diesem Text das Konzept indianischen Lebens darstellen. Vor allem soll der Kontrast zu den Lebensformen der weißen Einwanderer gezeigt werden, ebenso die unterschiedliche Einstellung zum individuellen Besitz. – Manche Indianervölker lebten nicht nach diesem demokratischen Prinzip: Es gab auch Stämme mit einer Oberschicht und einer Unterschicht, wie z.B. an der pazifischen Nordwestküste bei den Haida. Kriegsgefangene und deren Kinder wurden bisweilen als Sklaven gehalten.

DIE POLITISCHE STRUKTUR indianischer Völker ist demokratisch und geht von der Gleichheit aller aus. Jeder Mensch, ob jung oder alt, Mann oder Frau, hat das gleiche Mitbestimmungsrecht, Entscheidungen werden von allen gemeinsam getroffen. Jeder nimmt gleichberechtigt am Leben der Stammesgemeinschaft teil; so ist ein friedliches Miteinander gewährleistet. Autorität geht von den Ältesten auf die jungen Leute über, und selbst das Weinen der Babys bleibt nicht unbeachtet.

Das Wirtschaftssystem der indianischen Völker beruhte ursprünglich auf einem Leben in der Gemeinschaft. Indianer lehnten persönlichen Grundbesitz ab und brauchten auch kein Geld, da jeder ein Anrecht auf die notwendigen Lebensgüter hatte; der Reichtum der Natur kostete nichts und war für alle da. Niemand mußte sich die Existenzberechtigung erst verdienen, aber es war die Aufgabe aller, für Unterkünfte und Nahrung zu sorgen, für die Gemeinschaft zu jagen, zu fischen, die Felder zu bestellen. Arbeit, Nahrung und Unterkünfte wurden gerecht verteilt. Es gab kein Klassensystem mit einer Kluft zwischen Arm und Reich. Erwarb eine Familie durch ihren Fleiß mehr als sie zum Leben brauchte, dann nur deshalb, um den Überfluß in einer zeremoniellen Verteilung von Geschenken wieder herzugeben. Der Reichtum wurde auf das Konto des Volkes gelegt; und die Zinsen waren Wohlwollen.

Janet McCloud

DIE UREINWOHNER AMERIKAS waren freundlich und sanft im Umgang mit ihren Kindern. Wenn ein Kind etwas anstellte, wurde es nicht geschlagen, sondern Eltern oder Großeltern erzählten ihm eine der alten Geschichten, die immer eine Lehre enthielten. Körperliche Bestrafung mag in Erinnerung bleiben, meist mit Groll verbunden, lang nachdem der Anlaß für die Strafe vergessen ist. Eine gute Geschichte jedoch kann einen Menschen das ganze Leben lang begleiten und weiterwirken – davon sind zumindest Indianer überzeugt.

Manche der ersten Geschichten, die Kindern erzählt werden, handeln von Tieren, besonders von kleinen Tieren wie Waschbär und Fuchs, Schildkröte und Kaninchen – Tiere, die klug sein müssen, wenn sie überleben wollen. Um Erfolg zu haben, braucht man nicht unbedingt der Größte und Stärkste zu sein.

Joseph Bruchac

Der Abschnitt stammt aus dem auch auf Deutsch vorliegenden Buch „Der Windadler", worin Joseph Bruchac Erzählungen und Überlieferungen seines Volkes, der Abenaki, gesammelt hat. Abenaki bedeutet „Die Menschen der Morgendämmerung"; vor dem Kommen der Europäer begann ihr Land an jener Stelle Nordamerikas, wo die ersten Strahlen der aufgehenden Sonne die Atlantikküste berühren. Ihr Land umfaßte beinahe das gesamte Gebiet der heutigen Bundesstaaten Maine, New Hampshire und Vermont. Um 1700 mußten viele Abenaki vor den Weißen nach Kanada fliehen.

UNSERE STAMMESÄLTESTEN SAGEN: „Trefft niemals eine Entscheidung, ohne daß eure Frauen und Kinder dabei sind."

Coyote

Coyote (Fred Downey), ein Wailaki aus Kalifornien, ist Hochschullehrer. Einen wichtigen Bereich seiner Arbeit nimmt der Aufbau einer stammes- und völkerübergreifenden Gruppe von „Ältesten" ein. Die Bedeutung der Stammesältesten, aufgrund ihrer Erfahrung und Weisheit früher wichtige Ratgeber, hat durch die zunehmende Amerikanisierung stark gelitten.

DIE UNGEBORENEN haben nicht weniger Anspruch auf den Reichtum dieser Erde als die Lebenden. Während seiner Lebenszeit ist der Mensch bloß Verwalter seines Stückes Land; was er von seiner Mutter erbte, muß er an seine Kinder weitergeben.

Basil Johnston

Basil Johnston ist ein Ojibway. Die Ojibway oder Chippewa gehören zur Algonkin-Sprachfamilie und zum Kulturkreis der Waldindianer. Als Jäger, Fischer und Sammler von Wildfrüchten lebten sie in den „Eastern Woodlands" im Gebiet der Großen Seen, in Manitoba und im südlichen Saskatchewan.
Im ganzen Abschnitt, dem dieses Zitat entnommen ist, wird „Mutter" als Bezeichnung für die Erde verwendet.

LIEBT EURE KINDER um ihrer selbst willen, nicht ihrer Leistungen wegen.

Basil Johnston

JETZT SINGE ICH

der mond ist ein weißer splitter
er balanciert seinen schmalen rest
in der letzten kurve des monats

meine töchter schlafen
hinten im lieferwagen
sie atmen weiße wölkchen ins dunkel
sie liegen warm und weich
unter schichten von kleidern und decken
wie sie träumen, meine lieben, von großmutter
und dem duft von feuer
und schaffleisch
sie sind schon daheim.

ich sehe zu, wie sich hinter uns die entfernung auflöst
im verschwommenen leuchten der rücklichter
und wie die fest umrissenen formen
von hügeln und mesas aufragen
dann langsam zurückweichen in die klare winternacht.

ich singe vor mich hin
und denke an meinen vater
wie er mir vieles beibrachte, sich zu mir herunterbeugte
lauschte, während ich lernte
„ja, so gehört es", pflegte er zu sagen
und dann sang er eins dieser alten lieder

sang es mir bis in die fasern meines haars,
bis in die poren meiner haut,
bis hinein in die träume meiner kinder

und jetzt singe ich
für die nacht
den beinahe leeren mond
und das land, das unter kalten hellen sternen schwimmt.

Luci Tapahonso

Luci Tapahonso (Navajo) wurde als mittleres von elf Kindern in Shiprock, New Mexico, geboren; dort lebt ihre Familie noch immer auf einer Farm, drei Meilen außerhalb der Stadt. Tapahonso studierte moderne Literatur an der Universität von New Mexico und lehrt „Native American Literature". Sie hat zwei Töchter.

Dichtung, Religion und Alltag sind für Indianer untrennbar miteinander verbunden. Wie die Jäger und Krieger, die Frauen und Mütter, die religiösen und politischen Führer dem ganzen Volk verpflichtet waren und besondere Aufgaben hatten, so übten auch die Dichter und Geschichtenerzähler ihre ganz bestimmte Funktion im Leben der Gemeinschaft aus.

DIE DICHTUNG DER INDIANER ist im Grunde immer eine Zeremonie des Dankes gewesen – eine Danksagung in Liedform an den Großen Geist, an Mutter Erde, an die Gräser und all die verschiedenen Geschöpfe. Auf ihrer langen Reise durch die Zeit ist die indianische Dichtung im Wesen religiös geblieben. Wenn ein junger Mann singt oder auf der Flöte spielt, um einer jungen Frau seine Liebe zu zeigen, so dankt er gleichzeitig dem Großen Geist dafür, daß seine Geliebte lebt. Wenn ein Dichter den Flug eines Distelsamens durch die Luft betrachtet, so dankt er gleichzeitig dem Großen Geist dafür, daß die Distel existiert. Wenn er die Jagd besingt, lobt er Hirsch und Elch, die ihr Fleisch geben, damit der Jäger weiterleben kann – und er dankt dem Großen Geist, der den Hirsch geschaffen hat.

Maurice Kenny

WORTE BESITZEN EINE EIGENE KRAFT. Ein Wort kommt aus dem Nichts, wird Klang und Bedeutung; es verleiht allen Dingen ihren Ursprung. Mit Hilfe von Worten kann der Mensch gleichberechtigt mit der Welt in Beziehung treten. Das Wort ist heilig. Der Name eines Menschen ist sein Eigentum; er kann ihn behalten oder weitergeben, ganz wie er will. Bis vor kurzem war es bei den Kiowa üblich, den Namen eines Toten nicht auszusprechen. Dies wäre respektlos und unehrenhaft gewesen. Die Toten nehmen ihre Namen mit, wenn sie die Welt verlassen.

N. Scott Momaday

Namen wurden und werden oft als besondere Ehre an junge Leute weitergegeben. Auch Momaday erhielt seinen indianischen Namen (Tsoai-Talee: „Rock-tree Boy", „Felsenbaumjunge") in einer eigenen Zeremonie.

N. Scott Momaday hat die Aufgabe übernommen, für eine amerikanische Literaturgeschichte das Kapitel über indianische Literatur zu verfassen. Er ist überzeugt, daß diese Literatur schon sehr früh beginnt – mit Felszeichnungen, Bilderschriften und der mündlichen Überlieferung.

Die Kiowa waren Jäger und als mutige Kämpfer bekannt. 1867 gingen sie in die Reservation; nach dem Ende des freien Lebens auf der Prärie starben viele von ihnen an Tuberkulose.

Louis W. Ballard, Komponist und Schöpfer des „American Indian Ballet", schließt seinen 1969 geschriebenen Aufsatz mit einer Warnung: Wenn die verschiedenen Kulturen einander nicht mit Respekt begegnen, wenn es zu keinem Austausch kommt, von dem alle Beteiligten profitieren, besteht die Gefahr, daß „die Musik der kulturellen Bereicherung zu einer andauernden Kakophonie kultureller Konflikte wird. In diesem Fall träfe der Verlust die ganze Gesellschaft."

IN DIESEM ZEITALTER DER KONFORMITÄT, da kulturelle Unterschiede meist als Zeichen mangelnder Anpassung oder gar als „wunderlich" gelten, ist es wahrscheinlich ein Akt extremer Unangepaßtheit, wenn man überzeugt ist, daß solche Unterschiede notwendig, wertvoll, ja sogar unentbehrlich sind. Ich meine damit nicht nur die äußerliche Verschiedenheit, sondern jene, die tiefer liegt und einen inneren Wert besitzt; jenes Anderssein, das einem jeden von uns seine individuelle Prägung gibt. Der Stolz, kulturelle Unterschiede mit unserer Umgebung zu teilen, der Stolz, die Eigenheiten anderer nicht nur zu akzeptieren, sondern möglichst umfassend zu verstehen – das ist ein Leitthema in der Symphonie kultureller Bereicherung.

Louis W. Ballard

VISIONEN UND DOLLARS

Das Buch „Lame Deer – Seeker of Visions", dem dieser Ausschnitt entnommen ist, erschien 1972. In Lame Deers Persönlichkeit verbanden sich Humor und Ironie mit tiefem Ernst und Verantwortunggefühl. Die Dollarscheine der Amerikaner bezeichnete er abfällig als „grüne Froschhäute" und sagte, er sehe nicht ein, warum man sich ihretwegen so verrückt machen könne, wie die Weißen es tun. In der Welt der Weißen werde alles und jedes mit einem Preisschild versehen, kritisierte Lame Deer; das widerspreche dem Respekt vor der Schöpfung.

ICH HABE EIN NEUES SPRICHWORT erfunden: „Die Indianer jagen der Vision nach, die Weißen dem Dollar." Wir sind ein unbrauchbarer Rohstoff, um Kapitalisten daraus zu machen. Wir geben auch keine guten Farmer ab, denn tief in uns lebt das Bewußtsein fort, daß kein Mensch das Land, das Wasser, die Luft, die Erde und was unter ihrer Oberfläche liegt als Privateigentum besitzen kann. All das gehört allen gemeinsam, und wenn die Menschen überleben wollen, sollten sie diesen indianischen Standpunkt übernehmen, je schneller, desto besser – es bleibt nicht mehr viel Zeit, darüber nachzudenken.

Lame Deer

EINE DER WICHTIGSTEN PERSPEKTIVEN hinsichtlich der Entdeckung Amerikas besteht im Aufeinandertreffen sehr unterschiedlicher Völker und Menschen – Hauptziel der einen war es, zu erwerben und zu besitzen, während es den anderen darum ging, als Stammesgemeinschaft zu wachsen und zu leben. Dieser Unterschied hat eine so tiefe Kluft verursacht, daß gegenseitiges Verständnis bis heute unmöglich ist.
Im Jahr 1492 gab es in Europa keinen Flecken Erde, der nicht vom König abwärts irgendeinem Besitzer gehört hätte. Die meisten Leute waren enteignet und besaßen kein Land. Im selben Jahr gab es in Amerika keinen Fußbreit Erde, der irgend jemandes Eigentum war. Für die Bewohner war das Land heilig. Es wurde geliebt, aber niemals als Besitz angesehen; im Gegenteil, die Menschen fühlten sich als Eigentum des Landes. Geachtet wurde der Mensch, nicht sein Besitz.

Wilfred Pelletier

Wilfred Pelletier (Baibomsecy), ein Odawa-Indianer, wurde auf der Wikwemikong Reservation in Ontario (Kanada) geboren und wuchs auch dort auf. Seit vielen Jahren steht er in engem Kontakt mit alten Medizinmännern und „Weisen" und tritt im politischen und im kulturellen Bereich für die Anliegen der Ureinwohner Amerikas ein. Er ist Buchautor und Verfasser von Artikeln über indianische Fragen. Der Textausschnitt stammt aus seinem Buch „A Wise Man Speaks".

Nila NorthSun, 1951 geboren, stammt von Shoshonen und Chippewa ab.
Stangenschlitten: Bei ihren Wanderungen befestigten die Präriestämme Zeltstangen in A-Form am Rücken eines Pferdes. Die Enden der Stangen wurden am Boden nachgeschleift, mit einem Querholz oder Rutengeflecht verbunden, um Zelthäute, Hausgerät und kleine Kinder zu transportieren.
Coupstick: Mit der bloßen Hand oder einem geschmückten Stab, dem sogenannten „coupstick“ – also keiner Waffe – den Feind im Kampf zu berühren, galt bei den Völkern der Prärie als besonders mutige Tat. „Coup“ (franz.) bedeutet „Schlag“.
Geistertanz: eine messianische Bewegung, die Ende des 19. Jahrhunderts den unterdrückten indianischen Völkern das Kommen eines Retters verhieß, der die Weißen vertreiben würde.
Pow-wow: ursprünglich eine religiöse oder Heilungszeremonie; heute wird damit jede festliche Zusammenkunft der Indianer bezeichnet.

ALLZU FERNER LAGERPLATZ

ich kann nicht erzählen
    von den langen wanderungen
    mit dem stangenschlitten
    zu einem neuen lagerplatz
ich kann nicht berichten
    vom letzten großen kampf
    von mutproben mit dem coupstick
    oder vom skalpieren
ich habe keine ahnung wie es war
    auf der büffeljagd
    oder beim geistertanz
aber
auf schmierigen plastikbechern
    kann ich den adler sehen
    der fast schon ausgestorben ist
in campers und wohnwagen
    kann ich zu den pow-wows reisen
am imbißstand für touristen
    kann ich büffelfleisch essen
zu indianischer musik
    kann ich rock-n-roll tanzen hey-a-hey-o
ich kann es
    & leider
    tu ich es auch.

Nila NorthSun

Die „Nationalgarde" ist eine Art Miliz, die dem Gouverneur des jeweiligen Bundesstaates untersteht; sie kann auch im Dienst der Union eingesetzt werden und bildet dann einen Teil der Gesamtarmee.
Gogisgi (Carroll Arnett) wurde 1927 in Oklahoma City geboren, seine Vorfahren sind Cherokee und Franzosen. Er lebt mit seiner Frau auf einer Farm in Michigan und unterrichtet Literatur und Kreatives Schreiben an der Central Michigan University. Gogisgi schreibt Lyrik und Prosa. Den „Gebrauchswert" eines Gedichts definiert er folgendermaßen: „Es zeigt, was es heißt, lebendig zu sein."

IM MAI

Ich beobachtete zwei
Rauchschwalben, die über
das Feld strichen
das wir frisch
angepflanzt hatten.
Anders als die zwei
Düsenjäger der *National Guard*
die uns vor einer Stunde
immer wieder donnernd
überflogen hatten
waren die Schwalben
nicht mit je vier
Raketen bestückt
und sie machten mich
auch nicht zornig
denn ich wußte, welche
Nation sie beschützten
und ich sang laut
sie und ihr Volk
zu ehren.

Gogisgi

GEISTIGER REICHTUM

Indianer sein heute ist ein lebendiges Paradoxon
    ein Widerspruch in sich selbst.
Sich mit der Erde verbunden fühlen
    in einer Asphaltwelt.
Stolz und ehrenhaft sein
    in Lebensverhältnissen, die erniedrigen.
Geistigen Reichtum erfahren
    in einem geistig verarmten Land.
Geschwisterlich verbunden sein
    mit grundverschiedenen Brüdern und Schwestern.
Maschinell gefertigte Glasperlen
    zu alten, überlieferten Mustern vernähen.
Christliche Kirchenlieder singen
    in der Stammessprache.
Ins Englische übersetzte Namen tragen
    die voll alter Bedeutungen sind.
Ausgelacht werden
    auch wenn du nichts Komisches getan hast.
Bei nichtindianischen Kindern Furcht erregen
    obwohl dein Herz nichts Böses denkt.

Karen Coody Cooper

Dieser Text erschien 1983 in der indianischen Zeitung „Eagle Wing Press". Karen Coody Cooper ist in Oklahoma aufgewachsen.

HILTON
5
Portland
EXIT 165
Union St.
7th Ave.
EXIT ONLY
EXIT
25

ICH HABE DEN EINDRUCK, die weißen Menschen fürchten sich so sehr vor der Welt, die sie selbst geschaffen haben, daß sie diese nicht mehr sehen, fühlen, riechen oder hören wollen. Regen und Schnee auf dem Gesicht zu spüren, von einem eisigen Wind erstarrt zu sein und an einem rauchenden Feuer wieder aufzutauen, aus einer heißen Schwitzhütte zu kommen und in einen kalten Fluß zu tauchen – diese Erfahrungen zeigen dir, daß du lebst. Aber ihr wollt das gar nicht mehr empfinden. Ihr wohnt in Kästen, die Sommerhitze und Winterkälte aussperren, ihr lebt in einem Körper, der seinen Geruch verloren hat, ihr hört den Lärm aus der Hi-Fi-Anlage anstatt den Klängen der Natur zu lauschen, ihr seht den Schauspielern im Fernsehen zu, die euch Erlebnisse vorgaukeln, euch, die ihr längst verlernt habt, irgend etwas selbst zu erleben. Ihr eßt Speisen, die nach nichts schmecken. Das ist euer Weg. Er ist nicht gut.

Lame Deer

Die Schwitzhütte hat rituelle Bedeutung. Während einer Reinigungszeremonie wird Wasser auf glühendheiße Steine gegossen, man meditiert im Dunkel der Hütte und spricht Gebete.

Carol Lee Sanchez, 1934 in New Mexico geboren, stammt von Laguna-Pueblo-Indianern und Sioux ab. Sie schreibt, malt und lehrt, hat Gedichtbände veröffentlicht und auf Ausstellungen in Kalifornien und Colorado ihre Bilder gezeigt.

WENN EURE GESELLSCHAFTSKRITIKER die Indianer in den Reservationen sehen, sind sie aufgebracht über die Armut, die dort herrscht. Aber für uns ist Armut etwas anderes als für euch. Unsere Armut besteht darin, daß wir nicht wir selber sein dürfen. Wir dürfen weder jagen noch fischen noch unsere Feldfrüchte ziehen, wie wir es früher getan haben; der Zugang zu unseren Lebensgrundlagen und das Recht, sie auf traditionelle Weise zu nützen, ist uns verwehrt. Und doch müßten wir, um gut leben zu können, fähig sein, für uns selbst zu sorgen, auf jene Art, die uns entspricht. Wir glauben noch immer nicht daran, daß wir die Sklaven der herrschenden Kultur und ihrer Ordnung sind. Folglich klagt man uns vieler Dinge an und begründet dies mit Verhaltensnormen und Werten, die für uns keinen Sinn ergeben.

Ihr wollt, daß wir so handeln wie ihr, daß wir so sind wie ihr, damit wir für euch annehmbarer und liebenswerter werden. Ihr solltet eher versuchen, zu sein wie wir: im Zusammenleben der Gemeinschaft, in der Achtung und Sorge für alles Lebendige, für die Erde, das Wasser, die Luft; auch was den Respekt vor der Menschenwürde betrifft und das Anrecht darauf, zu sein, wie man ist.

Carol Lee Sanchez

ICH GING AN DEN ORT WO
meine Seele erstarkt

Ich sah den Berg:
seine Seele war fort
Der Wind schrie durch Bäume
die es nicht mehr gab

Ich rief nach dem Bären, dem Wolf,
nach dem Kojoten und dem Puma

Sie sind nicht mehr da
sagte
ein alter Mann dessen
alte graue Zöpfe
der sterbenden Erde
entgegenwuchsen.

S. Roberto Sandoval

S. Roberto Sandoval wurde 1950 im Pueblo Taos in New Mexico geboren. Er ist ein Genízaro; das Wort bezeichnet jene Pueblo- und anderen Indianer, deren Lebensart von der spanischen Kultur beeinflußt ist.

Die Mesquaki, auch Sauk und Fox genannt, sind das Volk des Dichters und Künstlers Ray A. Young Bear (geb. 1950 in Tama, Iowa). Young Bear schreibt seit 1966 und hat mit seinen Arbeiten, die in Anthologien, Zeitschriften sowie eigenen Büchern erschienen, viel Erfolg gehabt. Die Wurzel von Young Bears Lyrik liegt in seiner Muttersprache, aus der er seine Gedanken ins Englische überträgt.

DER SPLITTER EINES MENSCHENKNOCHENS

der splitter eines menschenknochens

irgendwie gehört es sich beinahe
auf den bahngeleisen zu sterben.

ich kann gut verstehen
wie sie sich fühlten auf ihrem langen
heimweg, torkelnd

und die sterne angrinsten.

es muß einen zusammenhang geben zwischen
eisenbahnzügen, alkohol und indianern
die nichts mehr zu verlieren haben.

Ray A. Young Bear

IN DER STADT GALLUP ist das „Alkoholikerproblem" geradezu sprichwörtlich. Oder vielmehr das, was als Alkoholikerproblem bezeichnet wird, denn es ist eine bequeme Etikettierung, auf die man leicht verfällt. Was dem Neuankömmling oder Durchreisenden in Gallup zuerst auffällt, sind die Betrunkenen. Es gibt viele von ihnen. Und sie sind Indianer. Sie torkeln durch die Straßen, bleiben hie und da stehen, um sich an eine Hausmauer zu lehnen, mit trübem Blick, blind für alles ringsum. Die Bars von Gallup sind gedrängt voll mit Betrunkenen; sie kommen auf dich zu, betteln dich um Wein an oder um Kleingeld, damit sie Wein kaufen können. An den Straßenecken stehen Betrunkene in kleinen Gruppen ziellos herum. Sie sind Indianer. Wie jene anderen, die im Rio Puerco ertranken, sind auch sie Opfer. Sie sind dem amerikanischen Kolonialismus zum Opfer gefallen. Ihre Gesichter sind von diesem Leid gezeichnet, von den Demütigungen, die sie im Lauf ihrer Geschichte hinnehmen mußten. All das hat Spuren hinterlassen auf ihren Gesichtern und Händen; die Narben sind deutlich zu sehen.

Simon J. Ortiz

Viele Indianer, besonders jene, die in den Städten leben, sind entwurzelt. Die geistige Heimatlosigkeit inmitten der dominierenden „weißen" Kultur hat eine beträchtliche Anzahl von Alkoholikern hervorgebracht, die sich mit billigem Wein zu betäuben versuchen. Die Stadt Gallup in New Mexico nahe der Navajo-Reservation hat diesbezüglich traurige Berühmtheit erlangt. Der Rio Puerco, in dem einige Betrunkene umkamen, ist ein Fluß, der in der regenarmen Zeit zu einem kleinen Rinnsal wird.

Bob Pirner wuchs in der Spring Creek Community (Rosebud Reservation) auf und besuchte die Universität in Kent. Das Gedicht schrieb er 1978, als er bei der Marine war und sowohl unter Heimweh litt als auch unter dem angepaßten, gleichförmigen Leben, das er dort führen mußte.

ICH MÖCHTE EINMAL STERBEN

in einem großen Bett
und alle meine Enkelkinder
rund um mich versammelt.

Ich könnte sie weinend zurücklassen
und ihnen nichtssagende Worte mitgeben.

Aber stattdessen
werde ich wohl in ein Mietszimmer gehen
allein
kalt
wahrscheinlich betrunken.

Wenn ich all diese normalen Männer sehe
mit ihren Kombiwagen
und ihren zielstrebigen, gekünstelt munteren Frauen,
dann weiß ich, wie ihre Grabsteine aussehen werden:

Grau, stattlich, einer wie der andere,
alle in einer Reihe.

Ich möchte in einem Jutesack begraben werden,
südlich von Spring Creek, South Dakota.
Der Little White River
soll mein Grabstein sein,
und Hirsche sollen mein Grab bewachen.

Bob Pirner

ZÄUNE

in den alten tagen ging ich barfuß
das flußufer entlang
ins tal hinein
ich wanderte überall hin

heute wandere ich noch immer umher
aber die leute zeigen mir wo ich gehen darf
denn überall sind zäune.

Ione Dock

Ione Dock, in Kalifornien geboren, ist eine Mojave-Indianerin. Sie lebt in der Colorado River Reservation und unterrichtet Kinder in der Sprache und Kultur ihres Volkes, das zu den Yuma-Indianern gehört.

SO IST ES HEUTE:

Vom Wasserloch zu Fuß erreichbar
Arbeiten Ölpumpen rund um die Uhr,
und in weniger als einer Tagesfahrt
erreicht man Fabriken, die Lenkwaffen erzeugen,
Raketen und Geräte des Weltraumzeitalters.
So ist es heute,
aber jene Navajo haben nichts davon,
die das Wasser für ihren Haushalt
aus Wasserlöchern holen müssen
und mit Pferdewagen
zu ihren erdbedeckten Hogans transportieren.
So ist es heute.
Ein romantisches Bild,
vorausgesetzt, daß der Betrachter
daheim über Fließwasser verfügt
und das Fahrzeug, das ihn
ins Land der Navajo bringt,
von einem Motor angetrieben wird
mit dreihundert Pferdestärken.
So ist es heute,
aber die Navajo wollen kein Mitleid.
Sie, die braunes Wasser trinken
und mit Pferdewagen fahren,
finden darin Schönheit.
Das ist ihr Reichtum,
Heute.

David W. Martinez

David W. Martinez besuchte das „Institute of American Indian Arts" in Santa Fe, New Mexico. Die Navajo, die sich selbst Diné („Menschen") nennen, leben seit Jahrhunderten in der Halbwüste des Colorado-Plateaus. Sie sind Schafzüchter und haben bedeutende künstlerische Fähigkeiten entwickelt; ihre aus Schafwolle gewebten Decken und Teppiche sind ebenso berühmt wie ihr einzigartiger Türkis-Silber-Schmuck. Das traditionelle Haus der Navajo ist der „hogan", meist aus Holz mit sechseckigem Grundriß erbaut, mit Erde bedeckt und mit einem kuppelförmigen Dach.
Da man in einem ursprünglich als wertlos betrachteten Gebiet der Reservation, in dem sowohl Navajo als auch Hopi leben, Kohle, Erdöl, Erdgas und Uran entdeckt hat, versuchte und versucht die amerikanische Regierung, die Indianer von dort abzusiedeln; dies hat zur Folge, daß viele Navajo ihre gewohnte Lebensweise aufgeben müssen.
„Schönheit" ist ein zentraler Begriff im religiös-zeremoniellen Leben der Navajo, er bezeichnet die Harmonie mit Schöpfung und Schöpfer.

Die Spannung des indianischen Lebens heute – zwischen „Visionen“ und „Dollars“ – zeigt sich deutlich in diesem kurzen Gedicht von Simon J. Ortiz: einerseits die Bedrohung durch eine rücksichtslose Zivilisation, die nur ihren eigenen Nutzen kennt, andererseits neuerwachte Hoffnung, Besinnung auf die eigene Tradition und Kultur.
Simon J. Ortiz wurde 1941 in Albuquerque geboren, er ist ein Acoma-Pueblo-Indianer. Ortiz studierte an der Universität von Iowa. Er schreibt Lyrik und Prosa; zu seinen wichtigsten Büchern gehören die Gedichtbände „Going for the Rain“ (1976), „A Good Journey“ (1977) und der preisgekrönte Band „From Sand Creek“ (1981), aus dem der abgedruckte Text stammt.
Sand Creek in Colorado ist der Ort, wo 1864 friedliche Cheyennen, in deren Lager auch einige Arapaho-Familien lebten, von US-Truppen niedergemetzelt wurden.

DIESES AMERIKA
war stets eine Last
aus Stahl und irrem
Tod,
aber, schau nur,
da sind Blumen
und junges Gras,
und ein Frühlingswind
beginnt in Sand Creek
zu wehen.

Simon J. Ortiz

WENN WIR UNSERE GESCHICHTE betrachten und das, was wir die indianische Lebensweise nennen, so gibt es zwischen uns und den anderen Völkern keine großen Unterschiede. Für Franzosen oder Holländer, oder wie immer sie heißen mögen, kann das Leben früher nicht viel anders gewesen sein als für uns. Damals, vor langer Zeit, hatten auch sie keine Lehrer, keine Schulen und keine Universitäten, die sie hätten besuchen können. Auch sie waren einst mit der Natur verbunden und lernten von ihr.

Als ich letztes Jahr in London war, erinnerte ich meine Zuhörer daran; eine Woche lang hielt ich Vorträge in der Innenstadt, und ich rief den Engländern ins Gedächtnis, daß auch ihre Ahnen naturbezogen gelebt hatten. Die alten Häuser in den Straßen geben davon Zeugnis – anders als die modernen Bauten sind sie von den Formen der Natur geprägt. Alte Möbel zeigen ebenfalls noch diesen Einfluß, die modernen Möbel haben ihn verloren. Viele moderne Gebäude bestehen fast nur aus Glas. Auch Bach und Mozart waren der Natur verbunden, ihre Musik bezeugt es. Früher waren die Menschen Partner der Natur und liebten sie. Im Namen des Fortschritts wurde diese Naturverbundenheit jedoch verdrängt.

Eine Folge davon ist die Zerstörung der Natur, wie wir sie heute sehen; Bäume, die uns im Weg sind, werden kurzerhand mit dem Bulldozer niedergewalzt. Es gibt keine Liebe mehr zur Natur, höchstens noch bei einzelnen kleinen Gruppen, die für die Erhaltung der Umwelt kämpfen. Und bei den eingeborenen Völkern, die die Natur, ihre Mutter Erde, immer schon geliebt und verehrt haben.

Phillip Deere

Phillip Deere, Medizinmann und geistiger Führer der Muskogee-Creek, trat für die indianischen Bürgerrechte ein und war eine Zentralfigur im „Elders' Circle", dem stammesübergreifenden Kreis der Ältesten. Immer wieder betonte er die Notwendigkeit, die indianische Kultur vor der Vereinnahmung durch die Zivilisation der Weißen zu schützen und ihre Eigenständigkeit zu bewahren. Phillip Deere starb 1985 im Alter von etwa 60 Jahren; sein genaues Geburtsdatum ist unbekannt, da keine Geburtsurkunde existiert.

QUELLENNACHWEIS

Die Texte dieses Buches wurden mit freundlicher Genehmigung der Autoren bzw. Verlage den folgenden Büchern entnommen:

Ich sehe keine Delegation © Oren Lyons – Wer wird das Wort ergreifen / Tierlandschaft © Linda Hogan, aus: „Eclipse", American Indian Studies Center, University of California – Ich erinnere mich daran / An Sommernachmittagen / Worte besitzen eine eigene Kraft © N. Scott Momaday, aus: „The Way to Rainy Mountain", University of New Mexico Press – Kröten ohne Zahl / Drei Pferde / Der Schnee macht den Wind sichtbar / Grashalme / Eins mit der Erde © Norman H. Russell – Jedes Tal... / Liebt eure Kinder / Die Ungeborenen © Basil Johnston, aus: „Ojibway Heritage". The ceremonies, rituals, songs, dances, prayers and legends of the Ojibway, McClelland and Stewart Ltd. Toronto – Warum ein Stein... / Der Liedmacher © Anita Endrezze-Danielson, aus: „Songs from this Earth on Turtle's Back", ed. J. Bruchac, The Greenfield Review Press – Im kalten Licht des Sturmes © Leslie Marmon Silko, aus: „Storyteller", Seaver Books New York – Holzhacken / Crazy Horse / Was hier blüht... / Zum Andenken... © Lance Henson – Botschaften / Historische Gedenktafeln / Fort Sill / Wegkarte auf Steinen © Joseph Bruchac – Bernsteingelb der Himmel © Rokwaho, aus: „Songs from this Earth on Turtle's Back", ed. J. Bruchac, The Greenfield Review Press – Sommernacht / In einer Pfeilspitze © William Oandasan (Yuki) aus: „Round Valley Songs", West End Press, und „The Remembered Earth", ed. Geary Hobson, University of New Mexico Press – Unter einem abgestorbenen Baum / Wenn es stimmt... © Robert C. Conley, aus: „The Rattlesnake Band", Indian University Press, Muskogee-Oklahoma – Wenn man zurückblickt © Geary Hobson, aus: „The Remembered Earth", ed. G. Hobson, University of New Mexico Press, Albuquerque – Manche Wissenschaftler / Angesichts der mannigfaltigen Bedrohungen © Paula Gunn Allen, Northwest Indian Women's Circle, Tacoma – Der Mann aus Washington © James Welch, aus: „Carriers of the Dream Wheel", ed. Duane Niatum, Harper & Row, New York – Es mag sein... © Peter Matthiessen: „In the Spirit of Crazy Horse", The Viking Press, New York – Die weißen Amerikaner © Leslie Marmon Silko, aus: „The Remembered Earth", ed. Geary Hobson, University of New Mexico Press, Albuquerque – Custer lebt... / Desmet, Idaho © Janet Campbell Hale, aus: „Custer Lives in Humboldt County", The Greenfield Review Press – Laguna-Frauen © Paula Gunn Allen, aus: „Shadow Country", University of California Press, Los Angeles – Nach dem Pow-Wow / Der Morgen des Jägers © Harold Littlebird, aus: „Songs from this Earth on Turtle's Back", ed. J. Bruchac, The Greenfield Review Press – Ich sollte darüber sprechen © Maurice Kenny, aus: „Songs from this Earth on Turtle's Back", ed. J. Bruchac, The Greenfield Review Press – Eine der Auswirkungen... © N. Scott Momaday, aus: „The Remembered Earth", ed. G. Hobson, University of New Mexico Press, Albuquerque – Wenn die Männer der Hopi © Janet McCloud, aus: Moccasin Line, Vol. 3, Nr. 1, 1986 – Mein Fächer aus Adlerfedern © N. Scott Momaday, aus: „Songs from this Earth on Turtle's Back", ed. J. Bruchac, The Greenfield Review Press – Schwarze Hündin © Malinda Powskey, aus: „Gigyayk Vo:jka – Walk Strong", ed. L. J. Watahomigie u. A. Y. Yamamoto, Malki Museum Press, Banning – Todeslied eines Choctaw © Jim Barnes, aus: „Songs from this Earth on Turtle's Back", ed. J. Bruchac, The Greenfield Review Press – Recuerdo © Paula Gunn Allen, aus: „Songs from this Earth on Turtle's Back", ed. J. Bruchac, The Greenfield Review Press – Die Töpferin © Laura Watchempino, aus: „The Remembered Earth", ed. G. Hobson, University of New Mexico Press, Albuquerque – Großvater © Bill Emery, aus: „Wokiksuye", Sinte Gleska College, Rosebud – Vom Sprechen © Simon J. Ortiz, aus: „A Good Journey", Sun Tracks and the University of Arizona Press, Tucson – Die politische Struktur © Janet McCloud, aus: „A Warning Message" – Die Ureinwohner Amerikas © Joseph Bruchac, aus: „Der Windadler und andere Erzählungen der Abenaki", Herder, Wien, 1987 – Unsere Stammesältesten © Coyote (Fred Downey), aus: „Akwekon", Nr. 4, A Native North American Quarterly on Literature & Arts, Hogansburg – Jetzt singe ich © Luci Tapahonso, aus: „A Breeze Swept Through", West End Press, Albuquerque – Die Dichtung der Indianer © Maurice Kenny, aus: „The Remembered Earth", ed. G. Hobson, The University of New Mexico Press, Albuquerque – Wir Sioux / Ich habe ein Sprichwort erfunden / Ich habe den Eindruck © Lame Deer/Richard Erdoes, aus: „Lame Deer, Seeker of Visions", The Life of a Sioux Medicine Man, by John Fire Lame Deer a. Richard Erdoes, Simon & Schuster, New York – In diesem Zeitalter © Louis W. Ballard, aus: „The American Indian Reader", The Indian Historian Press, San Francisco – Eine der wichtigsten Perspektiven © Wilfred Pelletier, aus: „Akwekon" Nr. 4 u. „A Wise Man Speaks", Amerindianization Program, Quebec – Allzu ferner Lagerplatz © Nila NorthSun, aus: „The Remembered Earth", ed. G. Hobson, The University of New Mexico Press, Albuquerque – Im Mai © Gogisgi, aus: „Songs from this Earth on Turtle's Back", ed. J. Bruchac, The Greenfield Review Press – Geistiger Reichtum © Karen Coody Cooper, aus: „Eagle Wing Press", 1983, Naugatuck – Wenn eure Gesellschaftskritiker © Carol Lee Sanchez, aus: „A Gathering of Spirit", ed. Beth Brant, Sinister Wisdom Books, Rockland-Maine – Ich ging an den Ort © S. Roberto Sandoval, aus: „Come to Power", ed. D. Lourie, The Crossing Press, Trumansburg, New York – Der Splitter © Ray A. Young Bear, aus: „Songs from this Earth on Turtle's Back", ed. J. Bruchac, The Greenfield Review Press – In der Stadt Gallup © Simon J. Ortiz, aus: „The Remembered Earth", ed. G. Hobson, The University of New Mexico Press, Albuquerque – Ich möchte einmal sterben © Bob Pirner, aus: „Wokiksuye", Sinte Gleska College, Rosebud – Zäune © Ione Dock, aus: „Gigyayk Vo:jka – Walk Strong", ed. L. J. Watahomigie u. A. Y. Yamamoto, Malki Museum Press, Banning – So ist es heute © David W. Martinez, aus: „Voices from Wah'kon-tah", ed. R. K. Dodge and J. B. McCullough, Intern. Publishers, New York – Wenn wir unsere Geschichte betrachten © Phillip Deere, aus: „Moccasin Line", 1985 – Dieses Amerika / Ich gebe die Hoffnung nicht auf (Vorwort) © Simon J. Ortiz, aus: „From Sand Creek", Thunder Mouth Press, Oak Park, New York.

Die Fotos stammen von folgenden Fotografen bzw. aus folgenden Büchern. Wir danken für die Abdruckerlaubnis:

Titelbild © S. Bingham, aus: „Between Sacred Mountains. Navajo Stories and Lessons from the Land", Serie „Sun Tracks", Bd. 11, 1982, University of Arizona Press, Tucson – Seite 7, 29, 77 aus: „Bear's Heart. Scenes from the Life of a Cheyenne Artist of one hundred Years ago", ed. B. Supree, J. B. Lippincott Comp., Philadelphia, © The Museum of the American Indian, Heye Foundation, New York – Seite 11, 63, 93: Fotos von Käthe Recheis – Seite 15, 25, 81: Fotos von Karl-Heinz Raach – Seite 36, 41, 50, 54, 70, 73: Fotos von Reinhard Mandl – Seite 17, 84: Fotos von Bernhard Widder – Seite 45: Zeichnung des Sioux-Häuptlings Red Horse, Foto von Henry B. Beville, Smithsonian Institution National Anthropological Archives – Seite 65: aus: „North American Indian Art", © Peter T. and Jill L. Furst, Rizzoli Intern. Publ. inc. New York, Zeichnung von Howling Wolf 1876.